O ADVOGADO DE DEUS

Adaptação teatral de **Alberto Centurião**

Aviso:

Esta obra está registrada na SBAT — Sociedade Brasileira de Autores Teatrais.

© texto de Zibia Gasparetto, 1998.
© adaptação de Alberto Centurião, 2011.

Direção de arte: Luiz Gasparetto
Projeto Gráfico: Fernando Capeto
Diagramação: Andreza Bernardes
Preparação: Patrícia Murari
Revisão: Melina Marin

1ª edição
1ª impressão — junho 2011
3.000 exemplares

Dados Internacionais de Catalogação na Publicação (CIP)
(Câmara Brasileira do Livro, SP, Brasil)

Centurião, Alberto
Zibia Gasparetto no teatro: O advogado de Deus / adaptação de Alberto Centurião; baseado no romance de Zibia Gasparetto ditado pelo espírito Lucius.
São Paulo : Centro de Estudos Vida & Consciência Editora.
(Coleção Zibia Gasparetto no teatro)

ISBN 978-85-7722-148-6

1. Obras psicografadas 2. Peças teatrais 3. Teatro espírita I. Gasparetto, Zibia. II. Lucius. III. Título. IV. Título: O advogado de Deus. V. Série.

10-10461   CDD-133.9

Índices para catálogo sistemático:
1. Teatro: Arte espírita: Espiritismo: Doutrina espírita 133.9

Publicação, distribuição, impressão e acabamento
CENTRO DE ESTUDOS VIDA & CONSCIÊNCIA EDITORA LTDA.
Todos os direitos reservados.

Rua Agostinho Gomes, 2.312
Ipiranga — CEP 04206-001
São Paulo — SP — Brasil
Fone / Fax: (11) 3577-3200 / 3577-3201
E-mail: grafica@vidaeconsciencia.com.br
Site: www.vidaeconsciencia.com.br

CARTA AO LEITOR

Escrever uma peça de teatro é sempre uma experiência transformadora. Adaptar um romance para o teatro, porém, implica apropriar-se do universo narrativo, temático e emotivo criado por outra mente, a fim de fazer a transposição de uma linguagem para outra, da forma narrativa para a cena teatral.

A mente tocada por uma ideia nova não volta mais à dimensão anterior, da mesma forma que fica impregnado o frasco pela essência que transporta, perfumado o machado pelo sândalo que abate.

Deixar-me contaminar pelas ideias de Lucius durante o processo de cocriação desta versão teatral foi também uma experiência prazerosa, pela oportunidade de conhecer de perto sua linguagem e estrutura narrativa, bem como pela íntima convivência com personagens nas quais também me reconheço. Tratar desses encontros, desencontros e reencontros espirituais nas veredas da vida, pelos mecanismos da reencarnação, ensinou-me algumas lições novas e me fez recapitular outras, que não esquecerei.

A obra de Lucius é perpassada por alguns conceitos que, por trás da aparente simplicidade, revelam os fundamentos de uma filosofia de vida, instruções valiosas para o bem viver: "Livre-se das ilusões; aceite a realidade como é, pois nela se encontra a base concreta para novas iniciativas — a verdade é sempre a melhor estratégia" — Conselhos claros, límpidos e inequívocos para uma vida mais autêntica e feliz.

Agradeço a Lucius e Zibia Gasparetto pelo privilégio deste aprendizado.

Alberto Centurião

ZIBIA GASPARETTO

Aprendi a ler aos quatro anos de idade e, aos oito, costumava passar horas sentada, escrevendo histórias. Com a chegada da adolescência, deixei esse comportamento de lado e só o retomei, na forma de psicografia, quando, anos depois, meu marido e eu passamos a estudar, uma vez por semana, os livros de Allan Kardec. Meu braço doía e a mão mexia contra minha vontade. Colocados papéis e lápis à minha frente, começava a escrever rapidamente.

Nós frequentávamos as sessões da Federação Espírita e eu participava como médium de incorporação, psicografando e, algumas vezes, utilizando o dom da xenoglossia (faculdade de falar ou escrever línguas desconhecidas). Nessa época, recebia contos, mensagens de orientação, histórias e, assim, os romances começaram a fluir.

Adotei o hábito de estudar o assunto desde então. Com essa prática, minha sensibilidade se abriu e comecei a perceber e a entender muitas coisas que antes não me eram possíveis. Apesar disso, para muitas coisas ainda não tenho respostas, por isso continuo esforçando-me, buscando compreensão.

Minha experiência e estudos fizeram-me perceber a importância de disciplinarmos o emocional, enfrentarmos os medos e tomarmos posse de nós mesmos para que energias alheias não nos envolvam.

Se conseguirmos isso e nos ligarmos aos espíritos evoluídos, a mediunidade será uma fonte de conhecimento, saúde e lucidez.

Estudar a vida espiritual abre as portas do futuro, derrotando a morte e mostrando que somos seres imortais.

LUCIUS

Esse amigo espiritual, que vem me inspirando em todos os romances, trabalhou sem revelar seu nome quando eu comecei a psicografar. Eu sentia sua presença, cheguei a vê-lo algumas vezes, mas nunca perguntei nada. Prefiro as manifestações espontâneas. Só quando terminei o livro O amor venceu, na última página, ele assinou: Lucius.

A respeito de sua trajetória só sei o que ele revelou no livro O fio do destino, em que relata duas encarnações na Terra: a mais antiga, como membro do parlamento inglês, e a outra, como escritor e juiz na França.

Para mim ele tem sido um mestre. Suas energias são prazerosas e, quando ele se aproxima, meu pensamento torna-se claro, lúcido. Sinto-me muito bem.

Nos primeiros tempos em que trabalhamos juntos, ele costumava andar comigo e, conforme o lugar e as cenas que eu presenciava, orientava-me, fazendo-me ir mais fundo nas observações. Depois de algum tempo, ele passou a vir apenas nos momentos de trabalho.

Aprendi muito, tanto com os conselhos quanto com as histórias que ele me passou.

Algumas pessoas me perguntam: "por que você?". Não sei por que ele me escolheu, mas sinto que os laços que nos unem são antigos e perdurarão pela eternidade.

ALBERTO CENTURIÃO

Autor, ator e diretor teatral, estreou profissionalmente em 1970. Dublê de consultor de empresas e homem de teatro, desde agosto de 1994 escreve e dirige peças para treinamento empresarial. É também *coach* executivo, *coach* de vida e carreira, consultor em ouvidoria, vendas, comunicação e relacionamento com clientes.

Alberto é também roteirista de vídeos para treinamento empresarial, poeta e cronista e, desde 1982, participa do movimento de arte espírita, tendo mais de trinta peças encenadas e mais de dez livros publicados sobre temas empresariais e poesias.

O ADVOGADO DE DEUS*

A trama se passa em 1932 e 1951, no Rio de Janeiro, época de boas músicas, romantismo e idealismos. Conta a história de Alberto, um jovem lutando para reaver a herança e a verdadeira identidade, que lhe foram usurpadas por seu primo José Luís Camargo. Daniel Rezende é o jovem advogado idealista que aceita defender sua causa em juízo. O que se percebe no desenrolar da história é que existem laços espirituais de outra vida (século 19) que unem Alberto, Daniel e a bela Lídia, dona do coração dos dois rapazes.

A trama foi muito bem transposta para os palcos e prende a plateia desde os primeiros momentos. A história ganhou um ritmo certo e flui como se tivesse sido escrita para a encenação. A direção certeira ajuda nessa condução da plateia e optou pela simplicidade em favor da história.

O elenco destaca-se por belíssimas interpretações, sem exageros. Os personagens são tão bem construídos que se tem a impressão de que são reais, e não que são atores dando vida a eles.

---

* A peça *O advogado de Deus* é baseada no *best-seller* homônimo de Zibia Gasparetto, ditado pelo espírito Lucius. Seu romance é considerado um dos maiores sucessos da autora, com mais de 350 mil cópias vendidas desde seu lançamento em 1998.

PERSONAGENS

Daniel Rezende: advogado recém-formado

Alberto Martins (Marcelo Camargo): o herdeiro usurpado

Antônio de Almeida Rezende: deputado, pai de Daniel e Lanira

José Luís Camargo: o vilão, tio de Marcelo

Gabriel Camargo: filho de José Luís e Maria Júlia

Guilherme Gouveia: diplomata, o verdadeiro pai de Gabriel

Bóris Vladinovich: mordomo e cúmplice de José Luís

José Antunes: cúmplice, ajudante de Bóris

Jonas: Investigador particular

Dr. Loureiro: advogado de José Luís

Dr. Marques: Delegado

Alberico: Motorista da família Camargo

Lanira Rezende: irmã de Daniel

Lídia Vasconcelos: namorada de Daniel

Maria Alice Rezende: esposa de Antônio, mãe de Lanira e Daniel

Maria Júlia Camargo: esposa de José Luís, mãe de Gabriel e Laura

Laura Camargo: filha de José Luís e Maria Júlia

Eleutéria da Silva: Ama de Marcelo, cúmplice

PERSONAGENS QUE PODEM APARECER EM CENA OU EM PROJEÇÃO

Lucius: autor espiritual

Dr. Francisco Camargo de Melo: espírito

Eurico: encarnação anterior de Daniel

Beto: encarnação anterior de Alberto

Norma: mentora de Daniel

Lídia: esposa de Eurico

Gabrielle Morgan: diretora do colégio inglês

OS PROTAGONISTAS SÃO PESSOAS DA ELITE SOCIAL DO RIO DE JANEIRO.

A ação se passa em três tempos:

1951: Atualidade – Tribunal do Júri e cenas posteriores.

1951: Antecedentes – Acontecimentos recentes que antecedem o julgamento.

1932: Noite do crime.

Século 19: Cenas da encarnação anterior.

Imagens da peça

Este espetáculo estreou em maio de 2010, ficou em cartaz no Teatro Santo Agostinho, São Paulo, até outubro do mesmo ano, e continua em turnê nas principais capitais do país e interior do Estado. A peça possui um elenco de atores consagrados, como: Alexandre Markes, André Luis, Carlos Falat, Débora Muniz, Edu Rodrigues, Flávio Guarnieri, Lucienne Cunha, Ricardo Del Rey e Rosana Penna. Liza Vieyra interpreta Maria Júlia e a participação especial de voz é de Ronnie Von, como Lucius, Dennis Derkian e Markinhos Moura. Direção de Valdir Ramos.

As imagens a seguir são montagens fiéis da peça teatral adaptada.

FOTOS DE INGRID OLDENBURG

Cena 35 — Restaurante
Da esquerda para a direita:
Lucienne Cunha (Lanira), Ricardo Del Rey (Daniel) e Débora Muniz (Lídia).

Eles têm um relacionamento na encarnação anterior e se encontram em 1951, no Rio de Janeiro.

Cena 46 — Tribunal
Da esquerda para a direita:
André Luis (Promotor), Liza Vieyra (Maria Júlia) e Ricardo Del Rey (Daniel).

Julgamento por ocultação de cadáver. Cúmplice no assassinato do menino Marcelo.

Cena 5 — Casa de Eurico
Rosana Penna (Norma – espírito mentor de Daniel).

Ela aparece para ajudá-lo a aceitar o caso em questão para que a justiça seja feita.

Cena 12 — Festa
Lucienne Cunha (Lanira).

Festa de aniversário de Gabriel.

Cena 4 — Escritório
Ricardo Del Rey (Daniel).

Cena 52 — Casa Da esquerda para a direita:
Rosana Penna (Maria Alice) e Dennis Derkian (deputado Antônio Rezende).

Cena em que ela pede desquite ao deputado.

Cena 52 — Casa
Dennis Derkian (Deputado Antônio Rezende).

O deputado encontra-se sozinho depois do pedido de desquite.

Cena 4 — Escritório
Flávio Guarnieri (Alberto).

Contando sua história para o advogado Daniel.

Cena 52 — Casa
Da esquerda para a direita:
Rosana Penna (Maria Alice) e Dennis Derkian (deputado Antônio Rezende).

Cena 52 — Casa
Rosana Penna (Maria Alice).

Aguardando a chegada do marido.

**Abertura do espetáculo
Da esquerda para a direita:**
Flávio Guarnieri (Alberto) e Débora Muniz (Lídia).

Cena 46 — Tribunal
Da esquerda para a direita:
André Luis (Promotor), Liza Vieyra (Maria Júlia) e Ricardo Del Rey (Daniel).

Esta cena poderá ser apresentada ao vivo, em retroprojeção ou somente em voz gravada.

Lucius: — Finalmente conseguimos reuni-los aqui esta noite. Há muito esperávamos por esta oportunidade e queremos agradecer a Deus por nos ter permitido essa tão esperada reunião.

O passado, embora esquecido, ainda repercute no presente. Atitudes antigas ainda se repetem, atraindo problemas não resolvidos. Não se culpem por nada, todos nos enganamos e a ilusão traz sempre dor. A hora da verdade chega, mais cedo ou mais tarde. Entretanto, eu penso que é melhor viver com a verdade do que com a mentira. Escolha ser verdadeiro, enfrente os seus medos e valorize sua dignidade. Diga o que sente sem esperar recompensas.

Os que vivem na mentira certamente se afastarão. Mas os que se identificarem com sua postura respeitarão sua dignidade, terão prazer em aproximar-se de você. E, nesse caso, vão oferecer sinceridade, amor, carinho, amizade. Enfrentar a verdade é sempre o melhor negócio. Faça sua parte, e a vida fará o resto. Ninguém nega a beleza das leis humanas tentando estabelecer os direitos de cada um, protegendo a sociedade para que a justiça seja feita. Porém, muitos profissionais do Direito que juraram defendê-las afundam-se na ganância e nos abusos do poder, perdendo-se na desonestidade. Por isso há tanta descrença na justiça dos homens. E quando você precisa, fica difícil encontrar uma pessoa de confiança. A história de Daniel demonstra que ainda se pode confiar em alguém que respeita a ética na busca pela verdade, e eficientemente promove a justiça. Esses são anjos do bem na Terra, e no astral são chamados de "advogados de Deus"!

O ADVOGADO DE DEUS

CENA 1

SÉCULO 19 – ENCARNAÇÃO ANTERIOR – TRIBUNAL ANTIGO.

BETO E EURICO (ENCARNAÇÃO ANTERIOR DE ALBERTO E DANIEL).

EURICO ESTÁ SENTADO NO BANCO DOS RÉUS, ENQUANTO ALBERTO FAZ A ACUSAÇÃO.

Beto: — Ele matou para encobrir a traição! Atraiu a vítima com falsas palavras e covardemente a matou. Esse assassino cruel não pode ficar impune. Precisa ser responsabilizado pelo que fez. A justiça pede, e este júri precisa condená-lo! Olhem para ele! Diz ser inocente e finge estar sofrendo, mas não se iludam nem se deixem enganar pelas aparências. Trata-se de um assassino perverso, calculista. As provas são todas contra ele. Não tenho nenhuma dúvida do que estou afirmando.

CENA 2

1951 – ANTECEDENTES – CASA DE MARIA ALICE.

DANIEL, ANTÔNIO E MARIA ALICE, DEPOIS LANIRA.

Antônio:	— Daniel, agora que você terminou os estudos é hora de tratarmos do seu futuro.
Daniel:	— E qual futuro vocês planejaram para mim?
Antônio:	— Meu filho, você tem todas as qualidades para fazer uma carreira brilhante na política.
Mª Alice:	— É simpático, amável, tem uma aparência bondosa.
Antônio:	— E, principalmente, uma perspicácia que muitas vezes me surpreende.
Daniel:	— Eu agradeço a preocupação de vocês, mas acontece que tenho outros planos.
Antônio:	— Nada pode ser melhor do que servir ao país! Você é um idealista, eu sei. E com o apoio do nosso partido ganha fácil uma eleição para deputado estadual.
Mª Alice:	— Você acha? Não é arriscado se lançar logo para deputado?
Daniel:	— Já lhe disse, pai. Não gosto de política.
Antônio:	— É uma profissão honrosa e muito rentável. Não pode haver caminho melhor!
Mª Alice:	— Veja o exemplo do seu pai.
Daniel:	— Desculpe, mas não penso dessa forma.
Antônio:	— Muitos jovens adorariam ter uma oportunidade dessas.

Daniel: — O senhor vive preso a compromissos... Com os homens do partido, com o povo, com o governo, com as organizações, com os financiadores de campanha.

Antônio: — Compromissos programáticos, é bom que se diga.

Daniel: — Mesmo assim, não pretendo me escravizar dessa forma. Quero ter prazer no que faço.

Antônio: — Neste mundo não se pode fazer apenas o que gosta!

Daniel: — Sei disso, mas pretendo preservar a minha independência.

Antônio: — Mais dia, menos dia, você vai descobrir que para progredir terá que transigir. Não há outra maneira de vencer.

Daniel: — Esse é o problema. Veja o seu caso: transigindo para progredir, foi fazendo concessões. E de concessão em concessão, acabou por perder completamente a noção dos seus objetivos.

Antônio: — Isso são arroubos da mocidade, meu filho! Escute o que eu digo. Tenho experiência. Se quer o caminho mais curto, entre para a política. Terá fama, respeito, dinheiro, tudo.

Daniel: — Fama suspeita, dinheiro em contas secretas e o respeito dos lobistas. Muito obrigado, mas quero ser livre para exercer o Direito como penso que deve ser exercido.

Antônio: — Agora é o momento exato para se lançar candidato. Um bacharel com sobrenome ilustre! O caminho está aberto para você.

Mª Alice: — Aproveite a oportunidade, meu filho.

Daniel: — Bacharel, não. Advogado. E é exatamente o que eu quero ser.

Antônio: — A política é ideal para quem quer advogar. Política dá fama, nome. Credibilidade.

Daniel: — E "rabo preso" com um monte de gente. Eu quero fazer a vida como advogado, só isso.

Antônio: — Se é isso que você quer, eu te arranjo lugar no escritório de um grande advogado que me deve muitos favores. Ao lado dele, em pouco tempo você estará conhecido.

Mª Alice: — O Dr. Loureiro?

Antônio: — Só que ele é do partido e você precisa se inscrever também.

Daniel: — Eu não quero, pai.

Mª Alice: — Não quer?

Daniel: — Não vou preencher ficha de partido nenhum.

Antônio: — Então o que é que você quer? Ir ao fórum de pastinha na mão, correr atrás de juiz, ir nos cartórios e nas juntas, ficar rondando delegacia para tirar algum malandro da cadeia? É isso que você quer?

Daniel: — O que eu quero está decidido e vai ser do meu jeito.

Antônio: — Sei que você se formou para advogar. Eu mesmo tenho tido minhas causas.

Daniel: — Você entra com o nome e outros advogados fazem todo o trabalho.

Mª Alice: — Isso mostra o prestígio do seu pai.

Daniel: — Eu agradeço o interesse de vocês dois, mas não esqueçam que a vida é minha. Agora, se me dão licença, vou dormir. Tenho que levantar cedo, vou procurar um escritório para alugar. (Sai).

CENA 3

1951 – ATUALIDADE – TRIBUNAL.

JUIZ, PROMOTOR, ADVOGADO DE DEFESA, MEIRINHO E OS RÉUS JOSÉ LUÍS, BÓRIS, ANTUNES, ELEUTÉRIA E MARIA JÚLIA

Juiz: — Este tribunal está reunido para julgar os réus José Luís Camargo, Bóris Vladinovich, José Antunes, Eleutéria da Silva e Maria Júlia Camargo pelos crimes que adiante serão descritos. Está aberta a seção. Que seja iniciada a leitura dos autos.

Meirinho: — Os réus aqui presentes são acusados de participação nos crimes de sequestro e simulação de morte, falsidade ideológica e triplo homicídio nos termos que se seguem.

CENA 4

1951 – ANTECEDENTES – ESCRITÓRIO DE DANIEL.

DANIEL E ALBERTO.

Daniel: — Entre, por favor. Diga no que posso ajudá-lo.

Alberto: — Eu preciso de aconselhamento jurídico sobre uma questão de herança.

Daniel: — O inventário corre aqui no Rio de Janeiro?

Alberto: — Foi aqui no Rio, sim, mas é uma história antiga, acontecida há quase vinte anos.

Daniel: — E por que o senhor esperou tanto tempo?

Alberto: — Acontece que eu não sabia que era o herdeiro.

Daniel: — Não? E como foi que descobriu?

Alberto: — É uma história longa e complicada.

Daniel: — Minhas consultas são cobradas por hora, portanto tenho todo o tempo do mundo para ouvi-lo, senhor...?

Alberto: — Alberto Martins. Esse é o nome que consta na certidão de nascimento, mas não é meu verdadeiro nome.

Daniel: — Tem certeza? Se foi registrado com esse nome, será difícil provar o contrário.

O ADVOGADO DE DEUS

Alberto: — Não se preocupe com isso. Vai mudar de ideia quando souber o resto.

Daniel: — Pois então vamos ao resto. Ou melhor, ao início da história.

Alberto: — Não conheci meus pais. Fui criado em um colégio interno na Inglaterra. Quando perguntava sobre minha família, diziam-me que meus pais haviam morrido e uma senhora generosa pagava minhas despesas.

Daniel: — Ela nunca foi visitá-lo?

Alberto: — Nunca. Aos dezoito anos, disseram que essa pessoa ia aumentar minha mesada para que eu pudesse deixar o colégio e ir para a universidade.

Daniel: — Quem é essa senhora? Você sabe o nome?

Alberto: — Agora sei, mas naquele tempo, não. Uma das condições para que ela continuasse mandando o dinheiro era que eu não soubesse sua identidade.

Daniel: — O que mais ela queria?

Alberto: — Que eu nunca voltasse ao Brasil.

Daniel: — Que estranho!

Alberto: — Um dia, quando fui receber o dinheiro, a diretora me disse que não havia chegado nada. Nos dias que se seguiram, voltei lá diversas vezes, mas o dinheiro não veio.

Daniel: — Nenhuma explicação?

Alberto: — Não. Minha situação financeira começou a se complicar e tive que abandonar a universidade.

Daniel: — Quantos anos tinha quando foi para a Inglaterra?

Alberto: — Quatro anos.

Daniel: — Não se recorda de nada daquele tempo?

Alberto: — Vagamente. Eu era muito pequeno.

Daniel: — Então, foi forçado a deixar a universidade?

Alberto: — Arranjei um emprego e, de vez em quando, voltava ao colégio em busca de notícias. Mas não havia nada.

Daniel: — Então decidiu voltar ao Brasil para descobrir o mistério de sua origem?

Alberto: — Foi. Eu fiquei intrigado. Por que a minha benfeitora misteriosa tinha interrompido as remessas de dinheiro sem dizer nada?

Daniel: — Sua história é muito interessante.

Alberto: — Desembarquei no Brasil em 1948, portanto há três anos. Desde então, tenho investigado e o que descobri mostrou-me que eu estava certo. Nasci em uma importante família do Rio de Janeiro e tive meus direitos usurpados. Nesses três anos reuni provas e agora pretendo entrar na justiça e reclamar o que me pertence.

Daniel: — É um caso difícil, preciso estudá-lo melhor para ver se é legalmente viável.

Alberto: — Vou trazer todas as provas que possuo.

Daniel: — Só depois disso poderei dizer se aceito ou não.

CENA 5

SÉCULO 19 – ENCARNAÇÃO ANTERIOR – CASA DE EURICO.

EURICO E LÍDIA, DEPOIS BETO, DEPOIS DANIEL E NORMA.

Lídia: — Eurico, precisamos conversar.

Eurico: — Tudo o que podia dizer eu já disse! Você sabe que não costumo voltar atrás.

Lídia: — Você não pode ser tão duro. Precisa compreender.

Eurico: — Está decidido e pronto! Eu sei o que estou fazendo!

Lídia: — Ele ainda é um menino.

Eurico: — O que ele fez é intolerável!

Lídia: — Mas ele não pode ser colocado para fora de casa desse jeito!

Eurico: — Você está proibida de tocar nesse assunto!

Lídia: — Eurico, ele é nosso filho!

Eurico: — Eu pensei que fosse, mas ele provou que eu estava enganado.

Lídia: — Você está se excedendo.

Eurico: — Não posso tolerar que você me desobedeça. Não me obrigue a tomar uma atitude mais drástica.

Lídia: — Você ainda vai se arrepender do que está fazendo agora, mas já será tarde demais!

Eurico: — Me arrepender de quê? De ter colocado para fora de casa o fedelho que acolhi como filho e que traiu minha confiança, tentando seduzir minha mulher?

Lídia: — Vai querer voltar atrás e não vai poder! Esse será o seu castigo!

Eurico: — Eu não me arrependo de nada!

Lídia: — Eu te odeio, Eurico. Eu te odeio! (Lídia sai chorando).

Eurico: — O que aconteceu não tem volta!

ENTRA BETO E AVANÇA EM DIREÇÃO A EURICO.

Beto: — Você foi o culpado de tudo. Assassino! Ladrão! Tirou tudo o que era meu. Por sua causa perdi família, herança e a mulher que eu amava.

EM PLANO DIFERENCIADO, DANIEL OBSERVA, CHO-
CADO. POR TRÁS DELE APROXIMA-SE NORMA, SUA
MENTORA ESPIRITUAL.

Norma: — Por que você quer recusar a oportunidade que lutou tanto para conseguir? Aceite o caso de Alberto! Aceite o caso, Daniel. Seja o advogado de Alberto. Aceite o caso!

CENA 6

1951 – ATUALIDADE – TRIBUNAL.

JUIZ, PROMOTOR, ADVOGADO DE DEFESA, MEIRINHO E
OS RÉUS

Meirinho: — Na noite de 19 de agosto de 1931, sequestrar e simular a morte do menor Marcelo Camargo. Em 12 de fevereiro de 1932, assassinar o Dr. Francisco Camargo de Melo, avô de Marcelo. Em 18 de julho de 1933, assassinar o casal Carolina e Cláudio Camargo, mãe e pai do menor Marcelo, com o objetivo de usurpar-lhes a herança da família.

CENA 7

1951 – ANTECEDENTES – ESCRITÓRIO DE DANIEL.

DANIEL E LANIRA, DEPOIS ALBERTO.

Daniel: — Era ele, Lanira! Tenho certeza! O homem que me chamava de assassino era o meu cliente.

Lanira: — O Alberto?

Daniel: — O rosto era diferente, vestia roupas antigas. Mais magro, um pouco mais baixo, mas eu sei que era ele!

Lanira: — Como você pode saber?

Daniel: — Não sei como, mas eu sei! E foi a segunda vez que tive o mesmo sonho.

Lanira: — O Alberto te acusando num tribunal?

Daniel: — Com muito ódio, Lanira.

Lanira: — Mas isso não faz sentido.

Daniel: — Na primeira vez que ele foi ao meu escritório, eu não me lembrei do sonho, mas a presença dele me causou certo mal-estar, uma sensação muito ruim.

Lanira: — Eu simpatizei com ele, pareceu-me uma pessoa legal. Pensando bem, o rosto dele me parece familiar.

Daniel: — Nessa mesma noite, o sonho se repetiu, aí eu percebi que era ele.

Lanira: — Pura divagação, Daniel. Esquece.

Daniel: — Aí chegou uma mulher linda, que disse para eu aceitar a causa. Falou que eu tinha pedido isso e não podia deixar passar a oportunidade.

Lanira: — Sei lá, Daniel. Você não precisa simpatizar com o cliente. Se as provas estão do lado dele...

Daniel: — Eu estava decidido a recusar, mas mudei de ideia. Vou aceitar o caso. E seja o que Deus quiser.

Lanira: — Ótimo! E conte comigo para ajudar no que for preciso, maninho.

Daniel: — Então pode começar agora, o Alberto já deve estar chegando para uma reunião, trazendo as provas que conseguiu.

Lanira: — Beleza! O meu dia estava mesmo precisando de um pouco de ação.

ENTRA ALBERTO TRAZENDO UMA PASTA COM DOCUMENTOS.

Alberto: — Dr. Daniel, boa tarde.

Daniel: — Entre, Alberto. Esta é Lanira, minha irmã. Como estou sem secretária, tomei a liberdade de pedir sua ajuda. Você se incomoda que ela participe da reunião?

Alberto: — De forma alguma. Será um prazer.

Daniel: — Então, vamos aos documentos.

Alberto: — Há vários jornais da época contando o drama do Dr. Camargo de Melo. Ele ficou tão abatido com a perda do neto que adoeceu e morreu em poucos meses. O filho Cláudio e sua mulher Carolina morreram em um acidente de barco no ano seguinte, durante uma viagem à Europa.

Lanira: — Então, foi assim que o Dr. José Luís herdou a fortuna do tio.

Alberto: — Médico, sem muito sucesso na profissão, levava uma vida confortável mas não era rico. Ambicioso, vaidoso, ele e a mulher frequentavam a mais fina sociedade.

Daniel: — Eu os conheço.

Alberto: — São seus amigos?

Lanira: — Os filhos deles são. O Dr. José Luís frequenta a nossa casa.

Daniel: — É amigo de meu pai, faz doações para o fundo de campanha.

Alberto: — Antes de continuar, preciso saber se você teria coragem de confrontá-lo na justiça.

Daniel: — Se você tiver razão e a justiça estiver do seu lado, enfrento qualquer um.

Lanira: — Acho que papai tem o "rabo preso" com ele, mas o Daniel não.

Alberto: — Eu procurei você porque acredito na sua independência.

CENA 8

1951 – ATUALIDADE – TRIBUNAL.

JUIZ, PROMOTOR, ADVOGADO DE DEFESA, MEIRINHO E OS RÉUS

| Juiz: | — Os réus devem ficar de pé para ouvir as acusações. |

OS RÉUS SE LEVANTAM E O MEIRINHO PROSSEGUE A LEITURA DOS AUTOS.

| Meirinho: | — O Dr. José Luís Camargo de Melo é acusado de ser o mentor intelectual dos crimes, com o objetivo de apoderar-se da herança. É acusado também de ter, pessoalmente, envenenado seu tio Dr. Francisco Camargo de Melo, valendo-se para isso da condição de médico da família. |

CENA 9

1951 – ANTECEDENTES – ESCRITÓRIO DE DANIEL.

DANIEL, LANIRA E ALBERTO.

| Alberto: | — Quando voltei ao Brasil, a única coisa que sabia é que o dinheiro era enviado do Rio de Janeiro. Logo, a mulher que me protegia deveria morar aqui. Veja, esta é minha certidão de nascimento. Foi tirada em Petrópolis no ano de 1927. Aí diz que sou filho de Maria Martins e pai ignorado. Algum tempo depois, recebi um pacote contendo uma carta da diretora do colégio em Londres. Está aqui, podem ler, sei que sabem inglês. |

| Lanira: | — Eu traduzo. |

LANIRA PEGA A CARTA E COMEÇA A LEITURA. A DIRETORA DO COLÉGIO INGLÊS PODE APARECER EM PROJEÇÃO, ESCREVENDO A CARTA E DIZENDO O TEXTO.

Gabrielle: — "Querido Alberto. Estou muito doente, sei que vou morrer em breve e não desejo levar este segredo comigo. Ultimamente, tenho sonhado muito com você e com uma mulher que me pede insistentemente que lhe diga tudo que sei. Resolvi contar. Uma tarde, fui procurada no colégio por uma mulher jovem e elegante que me contou uma triste história. Um menino de quatro anos, filho de uma grande amiga sua, corria sério risco de vida no Brasil, e sua mãe, desejosa de salvá-lo, havia pedido a ela que o levasse a um colégio na Inglaterra. Preocupada com o problema, aceitei tomar conta de você e prometi guardar segredo. Dela, só sei o nome: Maria Júlia. Cumpri minha parte no acordo, mas agora quero me libertar desse peso. Estou lhe enviando as lembranças que vieram com você e que guardei com carinho. Espero que compreenda minha posição e reze por mim. De sua sempre amiga, Gabrielle Morgan."

Daniel: — O que mais havia no pacote?

Alberto: — Algumas roupas de criança e esta corrente de ouro com uma medalha.

Lanira: — Veja: tem iniciais atrás. M.C.M.

Alberto: — Marcelo Camargo de Melo.

Daniel: — O neto do Dr. Camargo!

Lanira: — Mas ele morreu!

Alberto: — É o que todos pensam. O corpo ficou mutilado no acidente e foi velado com caixão lacrado.

Daniel: — A família deve ter identificado o corpo.

Alberto: — Estavam em estado de choque. Foi a ama quem fez o reconhecimento.

Lanira: — Com certeza aquele menino que sofreu o acidente não era o Marcelo.

Daniel: — E aí, o que você fez?

Alberto: — Comecei a investigar famílias da alta sociedade em busca de Maria Júlia e cheguei à família do Dr. José Luís Camargo porque tudo coincidia. Sua esposa se chama Maria Júlia, eles haviam herdado a fortuna por causa da morte de Marcelo, que tinha as iniciais da medalha e havia nascido no mesmo ano que eu.

Lanira: — É muita coincidência para ser mera coincidência.

Alberto: — Mas a morte do menino me intrigava. Se ele havia morrido, eu não poderia ser ele. Dediquei-me a investigar o acidente e descobri certos detalhes que confirmaram minha suspeita.

Lanira: — O menino que estava naquele carro não era o neto do Dr. Camargo?

Alberto: — Não. Depois do acidente, a ama e o motorista saíram do emprego. Os dois se mudaram para São Paulo. A ama se chama Eleutéria e mora em um palacete no Jardim América. Onde teria conseguido tanto dinheiro?

Lanira: — A grana deve ter corrido solta!

Daniel: — Ninguém dá dinheiro por nada.

Alberto: — Tentei saber do motorista. Custou, mas acabei encontrando o homem. Estava recolhido em um asilo de velhos, vivendo de caridade, doente, amargurado.

Daniel: — Ele abriu o jogo?

Alberto: — Abriu. Estava solitário e tornou-se meu amigo. Levei um tabelião lá para registrar o depoimento dele.

ENQUANTO FALA, ALBERTO SE DIRIGE AO LOCAL DO LEITO DE ALBERICO.

CENA 10

1951 – ANTECEDENTES – QUARTO DO ASILO, LEITO DE ALBERICO.

ALBERICO, TABELIÃO E ALBERTO.

Alberico: — O remorso está me matando. Mergulhei na bebida para esquecer, mas nem me destruindo consegui acabar com o peso da culpa! Há muitos anos, eu era motorista de uma família rica e importante. Dr. Camargo. Homem bom e sério, não merecia o que fizeram com ele! Seu sobrinho, José Luís, foi quem tramou o plano que ajudei a executar e que acabou com a minha paz. Ele sempre teve inveja da fortuna do tio, tramou para ficar com ela e conseguiu. Tudo aconteceu em Petrópolis. O Dr. Camargo tinha um neto que era a alegria da sua vida. Os pais do menino estavam no Rio e eu tinha ficado para tomar conta da casa. Na noite do sábado, Dr. José Luís apareceu com sua mulher, D. Maria Júlia. Estavam voltando da casa de uma antiga empregada, foram lá porque o filho dela, um menino de quatro anos, tinha acabado de morrer. Caiu de uma janela do sobrado, ficou irreconhecível. Ele conversou com a ama e comigo, e ofereceu uma pequena fortuna, disse que era o dinheiro que sua mulher tinha herdado dos pais. Eleutéria concordou logo; eu fiquei na dúvida. O que ele queria podia não dar certo. Mas deu. Simulamos um acidente de carro e colocamos o corpo do menino morto, vestido com as roupas de Marcelo. Ninguém desconfiou. Nem o médico ou o delegado que atendeu a ocorrência. Deu tudo certo.

Alberto: — E Marcelo, o que foi feito dele?

Alberico: — D. Maria Júlia me procurou nervosa, dizendo que eles iam matar o Marcelo. Pediu minha ajuda para salvar o menino. Eu fingi que concordava com o Dr. José Luís e aceitei fazer o serviço. Recebi o pagamento, mas não matei o Marcelo. Deixei ele escondido na casa de uma conhecida minha. D. Maria Júlia passou lá, levou-o embora e desapareceu. Nunca mais se soube dele. Isso me atormentou pela vida toda. Pensava que podiam ter descoberto tudo e matado o menino. Não suporto lembrar o rosto do Dr. Camargo e de D. Carolina. Sofreram muito e eu fiquei arrependido. Mas tive medo de dizer a verdade. Eu devia ter procurado a polícia e contado tudo. De que me adiantou a liberdade se não tinha paz? Fiquei preso no remorso e foi muito pior. Me perdoe, Marcelo! Me perdoe!

Alberto: — Você salvou a minha vida, Alberico. Não posso culpá-lo de nada.

ALBERTO E O TABELIÃO SE AFASTAM. SOZINHO NO LEITO, ALBERICO ADORMECE.

CENA 11

1951 – ATUALIDADE – TRIBUNAL.

JUIZ, PROMOTOR, ADVOGADO DE DEFESA, MEIRINHO E OS RÉUS. O MEIRINHO PROSSEGUE A LEITURA.

Meirinho: — Bóris Vladinovich é acusado de ter, com a ajuda dos outros réus, sequestrado o menino Marcelo Camargo de Melo e simulado sua morte em acidente de automóvel. É acusado também de ter assassinado o casal Carolina e Cláudio Camargo de Melo, simulando a explosão acidental de uma lancha, crime ocorrido na Itália, em 1933. E mais, de haver sequestrado o Sr. Marcelo Camargo pela segunda vez, quando este, ainda sob a identidade de Alberto Martins, movia ação civil de restituição de herança contra seus familiares José Luís e Maria Júlia Camargo. José Antunes é acusado de haver colaborado com Bóris Vladinovich no sequestro de Marcelo Camargo, há seis meses. A ré Eleutéria da Silva é acusada de participação nos crimes de sequestro e simulação de morte do menino Marcelo em 1932. A ré Maria Júlia Camargo é acusada de falsidade ideológica e participação no sequestro e simulação de morte do menino Marcelo em 1932, bem como de conivência e cumplicidade dos demais crimes de que é acusado seu marido, Dr. José Luís Camargo.

CENA 12

1951 – ANTECEDENTES – FESTA EM CASA DE MARIA JÚLIA.

JOSÉ LUÍS, ANTÔNIO, MARIA JÚLIA, MARIA ALICE, LANIRA E GABRIEL.

Mª Alice: — Que linda festa, Maria Júlia.

Mª Júlia: — Gabriel está completando vinte e um anos, Maria Alice! É preciso comemorar.

Mª Alice: — É um lindo rapaz. E bom moço, também.

Mª Júlia: — O Gabriel só tem me dado alegrias.

Mª Alice: — Veja, ele está conversando com Lanira.

EM OUTRO PONTO DA FESTA, GABRIEL E LANIRA CONVERSAM.

Gabriel: — Quero ter o prazer de dançar com a moça mais linda da noite.

Lanira: — Como você mudou, Gabriel! Quando era criança, vivia me provocando. Nossos encontros sempre acabavam em briga.

Gabriel: — Para você ver como eu era burro. Também, eu não podia imaginar que você se tornaria tão linda.

Lanira: — Você também não está nada mal.

Gabriel: — Esta noite quero me penitenciar. Depois de receber os convidados, quero dançar muito com você!

O ANFITRIÃO JOSÉ LUÍS CONVERSA COM O DEPUTADO ANTÔNIO.

Antônio: — Você só pode estar brincando, José Luís. Querer o Getúlio de volta?

José Luís: — Não se trata de vontade, mas de lógica. Você sabe que eu também nunca gostei do Getúlio.

Antônio: — Você diz isso, mas frequentava o Catete com assiduidade.

José Luís: — Claro. Você também andava por lá.

Antônio: — Era uma ditadura. O que podíamos fazer?

José Luís: — Você vai ver, já tem muita gente pegando o retrato do velho e botando de volta na parede.

Antônio: — Por isso mesmo precisamos fortalecer a oposição. Conto com a sua contribuição para o nosso fundo de campanha.

José Luís: — Confesso que simpatizo com a UDN, mas tenho clientes importantes do outro lado e não posso prejudicar os negócios.

Antônio: — Vamos precisar de muito dinheiro para esta campanha.

José Luís: — Dinheiro, vá lá. Mas o meu nome não pode aparecer.

Antônio: — Se nos apoiasse abertamente seria melhor. Você é muito respeitado!

José Luís: — Justamente porque fico em cima do muro.

Antônio: — Soube que sua empresa fechou um grande contrato com o Ministério da Saúde.

José Luís: — Nem tanto. Só algumas verbas para pesquisas e uma subvenção para nossos laboratórios.

Antônio: — Entendo que não queira perder seu prestígio com o ministro, que é do PSD.

José Luís: — É evidente.

Antônio: — Tudo bem. Mas sua doação para a campanha é muito importante.

José Luís: — Só que aquela isenção de impostos ainda não saiu. Em que pé está?

Antônio: — Já dei entrada do projeto na Câmara.

José Luís: — Espero que saia antes das eleições.

Antônio: — Se dependesse de mim, essa lei já teria sido aprovada.

José Luís: — Faça um esforço. Se eu tiver que pagar os impostos, não vai sobrar dinheiro para a sua campanha.

Antônio: — Mas a bancada do PTB fez obstrução e engavetou o projeto.

José Luís: — Sabe como é, não posso prejudicar os negócios. O dinheiro de que eu posso dispor sai dos lucros. Sem lucros, nada feito.

GABRIEL E LANIRA DANÇAM.

Mª Júlia: — Sua filha também está linda.

Mª Alice: — Eles formam um belo par.

Mª Júlia: — Quem sabe o destino nos reserve e uma boa surpresa...

NO MEIO DO SALÃO...

Gabriel: — Eu queria que esta música não acabasse nunca!

Lanira: — Sua festa está maravilhosa.

Gabriel: — Você está maravilhosa.

GABRIEL E LANIRA SE BEIJAM.

CENA 13

1951 – ANTECEDENTES – ESCRITÓRIO DE DANIEL.

DANIEL, ALBERTO E JONAS.

Daniel: — Alberto, este é Jonas, o detetive que está nos ajudando nas investigações.

Jonas: — Aqui estão as primeiras informações que consegui levantar sobre o caso. Depois da morte do neto, o Dr. Camargo ficou doente e morreu em seguida.

Daniel: — Aqui tem a notícia do acidente de barco que matou os pais do Marcelo, em um lago da Itália.

Jonas: — É interessante que, um ano e meio depois da morte de Marcelo, todos estivessem mortos.

Daniel: — Tudo aconteceu muito depressa!

Alberto: — O meu tio não perdeu tempo.

Jonas: — O que vocês não sabem é que, na data do acidente com os pais de Marcelo, o Dr. José Luís e a esposa também estavam na Europa. Inclusive levaram o mordomo! Aliás, eles sempre viajam com ele!

CENA 14

1951 – ANTECEDENTES – CASA DE MARIA JÚLIA.

MARIA JÚLIA, JOSÉ LUÍS E GABRIEL.

JOSÉ LUÍS CONVERSA COM MARIA JÚLIA, QUANDO
CHEGA GABRIEL, QUE OUVE PARTE DA CONVERSA.

José Luís: — Se você abrir a boca, nunca mais verá o seu filho.

Mª Júlia: — Você não seria capaz de fazer isso!

José Luís: — Experimente me desafiar!

Mª Júlia: — O que você pode fazer?

José Luís: — Você sabe que tenho meios de separar seu filho de você! Não me obrigue a fazer isso.

Mª Júlia: — Não! Isso não!

José Luís: — Feche a sua boca que a gente toca a vida e ninguém fica sabendo de nada.

Mª Júlia: — O Gabriel não! O meu filho não, por favor! Não faça nada com ele.

José Luís: — Depende só de você.

MARIA JÚLIA CHORA COPIOSAMENTE, ENQUANTO
GABRIEL ESPIA.

CENA 15

ESCRITÓRIO DE DANIEL.

DANIEL E LANIRA.

DANIEL ENTRA, EUFÓRICO.

Daniel: — Lanira, conseguimos. O juiz deferiu nosso pedido.

Lanira: — Verdade? Você leu o parecer?

Daniel: — Li. Já marcou prazo para apresentação das provas em juízo.

Lanira: — Puxa! Finalmente. Não aguentava mais esperar. Temos que avisar Alberto. Ele vai ficar radiante.

Daniel: — Agora temos que seguir em frente. Se Jonas conseguir aquelas provas, estamos feitos.

CENA 16

SÉCULO 19 – ENCARNAÇÃO ANTERIOR – CASA DE EURICO.

EURICO E LÍDIA, DEPOIS BETO.

EURICO AJOELHA-SE AO LADO DO LEITO EM QUE LÍDIA ESTÁ DEITADA, MORIBUNDA.

Eurico: — Lídia, não me deixe! Por favor, não me abandone! Eu faço tudo que você quiser!

Lídia: — Agora é tarde! O que está feito está feito.

Eurico: — Não, meu amor! Eu vou falar com ele.

Lídia: — Tarde demais, Eurico. Acabou.

LÍDIA MORRE.

Eurico: — Lídia! Não! Não!!!

CENA 17

1951 – ANTECEDENTES – CASA DE MARIA ALICE.

MARIA ALICE, ANTÔNIO, DANIEL.

Antônio: — Daniel, que história é essa que estão comentando? Você perdeu o juízo?

Daniel: — Não, pai. Estou cuidando dos direitos do meu cliente.

Antônio: — Onde você pensa que vai, atacando dessa forma nossos amigos?

Mª Alice: — É um escândalo! Está em todos os jornais.

Antônio: — O Dr. José Luís me ligou e eu fiquei de cara no chão. Onde já se viu? Ele sempre foi nosso amigo, apoiou minhas campanhas políticas, é pessoa de bem. Como você pôde fazer uma coisa dessas?

Daniel: — Não tenho nada contra o Dr. Camargo, mas meu cliente foi espoliado e estou defendendo os seus direitos.

Mª Alice: — Contra nossos amigos?

Antônio: — Você vai agora mesmo retirar essa queixa da

justiça. Vai dizer que foi enganado e que não existe nada contra o José Luís.

Daniel: — Não vou fazer isso, pai. Sinto muito se ele é seu amigo, mas temos provas suficientes para ganhar essa causa e eu não vou desistir.

Mª Alice: — Você vai nos expor ao ridículo e acabar com sua carreira.

Antônio: — Vai ser riscado da profissão, terá seu diploma cassado por compactuar com uma leviandade dessas.

Mª Alice: — São nossos amigos! Seu pai deve favores ao Dr. José Luís.

Antônio: — Com que cara nós vamos ficar?

Daniel: — Tenho consciência do que está em jogo. E tenho provas suficientes para ganhar a causa.

Antônio: — Você fala como se essa história fosse verdadeira! Está cego! José Luís é um homem íntegro, respeitado.

Mª Alice: — E a esposa, então? A Maria Júlia é uma dama caridosa e estimada na melhor sociedade do Rio de Janeiro.

Antônio: — De onde surgiu essa ideia? De algum romance de folhetim?

Daniel: — Não, pai. Foi o próprio Marcelo quem nos contou tudo que fizeram com ele.

Antônio: — E você acreditou! Quanta ingenuidade!

Daniel: — De jeito nenhum! Pensei muito antes de aceitar essa causa. De um lado uma família da alta sociedade, de outro, a pessoa injustiçada.

Antônio: — Pois eu proíbo você de continuar com esse caso. Vai já retirar essa queixa e dizer aos jornais que estava enganado.

Daniel: — Estou defendendo o fraco, o oprimido. Não foi para isso que prestei juramento? Se o seu discurso de campanha fosse pra valer, o senhor estaria do nosso lado.

Antônio: — Como pode ser tão inocente? Não vê que vocês serão massacrados? Acha que um principiante como você vai poder encarar os mestres do Direito?

Daniel: — Sinto muito por colocar vocês nesta situação, mas o meu cliente confia em mim e vou fazer o melhor que puder.

Antônio: — Se insistir nessa sandice, eu vou ficar do lado do José Luís, doa a quem doer.

Daniel: — É um direito seu. Doa a quem doer. Mas esperava que o deputado defensor dos pobres ficasse do nosso lado.

Antônio: — Não admito que fale dessa forma comigo!

Daniel: — Só que você prefere o outro lado. Aliás, como de costume, não é, senhor deputado?

Antônio: — Você está me forçando a tomar uma atitude que eu não queria.

Daniel: — Já sei, papai. Quer que eu saia desta casa.

Antônio: — Se não me obedecer, não te reconheço mais como filho.

Mª Alice: — Seu pai não quis dizer isso. Está nervoso.

Daniel: — Não se preocupe, mãe. Embora ele não me reconheça mais como filho, eu ainda o reconheço como pai.

Mª Alice: — Meu filho! Você não pode ir embora!

Daniel: — Com licença, vou lá em cima arrumar minhas coisas.

CENA 18

1951 – CASA DE MARIA JÚLIA.

GABRIEL E MARIA JÚLIA.

GABRIEL SE APROXIMA DE MARIA JÚLIA, COM O JORNAL NAS MÃOS.

Gabriel: — Mãe, isso é verdade?

Mª Júlia: — Você acha que seríamos capazes de uma coisa dessas?

Gabriel: — Não sei. Você, não. Mas o Dr. José Luís...

Mª Júlia: — Seu pai não faria isso. Esqueça essa história.

Gabriel: — Nesse caso, por que tanta preocupação? Vocês ficaram no escritório mais de duas horas conversando.

Mª Júlia: — Um escândalo desses é sempre preocupante. Seu pai vai falar com o Dr. Loureiro.

Gabriel: — Por que será que Daniel se prestou a esse papel?

Mª Júlia: — José Luís vai conversar com Antônio para exigir que o filho retire essa denúncia.

Gabriel: — E Lanira, o que será que pensa disso tudo?

Mª Júlia: — Você gosta dela, não é?

Gabriel: — Gosto. Ela é diferente das outras moças. Inteligente, alegre, tivemos bons momentos juntos.

Mª Júlia: — Vocês continuam saindo?

Gabriel: — Não tem clima. Enquanto essa situação não for esclarecida, não sei o que falar para ela.

Mª Júlia: — Com certeza o caso vai ser arquivado.

Gabriel: — E se o juiz acolher a denúncia?

Mª Júlia: — Eles nunca poderão provar que esse moço é o Marcelo.

Gabriel: — Mãe, por que é que você mandava dinheiro para a Inglaterra?

Mª Júlia: — Já disse que era para uma amiga.

Gabriel: — Ele viveu na Inglaterra. Não era para sustentar o Marcelo que você mandava aquele dinheiro? Mãe, o que foi? Você está pálida!

Mª Júlia: — Por favor, meu filho! Nunca mais repita isso!

Gabriel: — Eu não vou contar nada. Calma!

Mª Júlia: — Jure que nunca mais falará nessa história!

Gabriel: — Mãe, tem alguma coisa que eu não sei e que você não quer me contar.

Mª Júlia: — São coisas do passado. Para que se envolver nisso?

Gabriel: — Seja o que for, eu estou do seu lado. Mas tenho que saber a verdade. Todos esses anos, tenho observado seu sofrimento. Sei que tem sido ameaçada por papai, e sinto que o Bóris pode estar envolvido.

Mª Júlia: — Você me assusta. Não queria que meus filhos se envolvessem nessa história. Por favor, fique fora disso!

Gabriel: — Não posso, mãe. Do que a senhora tem medo? Esse moço pode ser mesmo o Marcelo?

Mª Júlia: — Eu pensei que tudo tivesse acabado! Meu Deus! Estou sendo castigada!

Gabriel: — Então é verdade? Marcelo está vivo?

CENA 19

1951 – ATUALIDADE – TRIBUNAL.

JUIZ, PROMOTOR, ADVOGADO DE DEFESA, MEIRINHO E ALBERTO.

Juiz: — Senhor Alberto Martins, o que pode nos relatar sobre sua origem?

Alberto: — Fui criado num colégio interno na Inglaterra, até os dezoito anos.

Juiz: — Com que idade o senhor chegou a esse colégio?

Alberto: — Fui levado para lá aos quatro anos de idade por uma mulher cuja identidade eu desconhecia. Ela providenciou minha matrícula com os documentos de Alberto Martins, que só recentemente vim a saber que não era o meu verdadeiro nome.

Juiz: — E qual é o nome que o senhor alega ter?

Alberto: — Não se trata de alegação, minha identidade já foi reconhecida em processo civil. Meu nome é Marcelo Camargo de Melo.

Juiz: — Consta nos autos do processo a certidão de óbito do menino Marcelo Camargo de Melo, falecido em 1932, aos quatro anos de idade.

Alberto: — Houve uma troca de corpos. A criança que

morreu era Alberto Martins, filho de uma empregada da casa dos Camargo. Eu fui levado para a Inglaterra com os documentos dele.

Juiz: — O senhor tem ideia de quem teria feito essa troca de corpos? E com que objetivo?

Alberto: — O motivo evidente era me afastar da linha sucessória da herança de meu avô. O meu desaparecimento foi muito conveniente.

Juiz: — Mas se, como diz, o senhor não sabia dessa troca de identidade, o que o motivou a retornar ao Brasil para mover a ação civil de reintegração de posse?

QUANDO ALBERTO COMEÇA A FALAR DO AVÔ, O ESPÍRITO DE DR. GOUVEIA SE APROXIMA E O ENVOLVE.

Alberto: — Para dizer a verdade, se resolvi voltar, foi inspirado por alguém que já não é mais deste mundo. Quando eu era adolescente, costumava sonhar com um senhor muito bondoso que me dizia: "Você tem muito o que fazer no mundo, mas ainda não chegou a sua hora". Disse que se chamava Antônio e que éramos ligados por laços do passado. Foi ele quem falou que estava na hora de voltar ao Brasil, onde eu tinha coisas importantes a fazer. Sinto que sem ele eu não teria descoberto a trama do meu passado. Agora eu sei que ele é o espírito de meu avô, com quem eu tenho grande afinidade espiritual.

CENA 20

SÉCULO 19 – ENCARNAÇÃO ANTERIOR – CASA DE EURICO.

EURICO E BETO.

EURICO TRAJA LUTO FECHADO. EXAMINA ALGUNS PAPÉIS EM SEU ESCRITÓRIO, QUANDO ENTRA BETO.

Beto: — Você matou Lídia. Tenho certeza de que provocou o acidente.

Eurico: — Você sabe que eu a amava mais que tudo!

Beto: — Ela tinha raiva de você.

Eurico: — Não seja louco!

Beto: — Era a mim que ela queria! Ela se casou com você para obedecer aos pais. Você matou Lídia quando soube que ela ia te deixar.

EURICO LEVANTA-SE E AMEAÇA AGREDI-LO, MAS SE CONTÉM.

Eurico: — Vá embora daqui antes que eu acabe com a sua vida!

Beto: — Vou te denunciar. Você matou Lídia para herdar o dinheiro dela.

Eurico: — Já não basta a traição que me fez? Ainda quer mais?

Beto: — Não vou permitir que você fique em liberda- de, usufruindo da fortuna que roubou dela! Assassino! Assassino!

CENA 21

1951 – ANTECEDENTES – ESCRITÓRIO DE DANIEL.

LANIRA E DANIEL.

Daniel: — Nunca fui de me impressionar com pessoas, mas o Alberto é muito estranho.

Lanira: — Você ficou preocupado por causa do sonho.

Daniel: — O que me incomoda são essas emoções que não sei de onde vêm.

Lanira: — Dá para perceber que o encontro de vocês foi programado, só pode ser coisa boa.

Daniel: — Por quê? E se ele trouxer desgraça?

Lanira: — Não precisa ficar assustado, o passado acabou.

Daniel: — Pelo visto, não.

Lanira: — Para mim, essa história começou em outra encarnação.

LEVANTA-SE E APANHA SUA BOLSA.

Daniel: — Já está de saída?

Lanira: — Fiquei de me encontrar com Alberto.

Daniel: — Ué! Pensei que o cara de sorte fosse o Gabriel.

Lanira: — Depois desse escândalo, acho que não tenho mais chances com o Gabriel. Mas com o Alberto é só conversa de amigo.

Daniel: — E com o Gabriel?

Lanira: — Também. Quer dizer... ainda não sei. Tchau! (Sai).

CENA 22

1951 – BARCO DE GABRIEL.

GABRIEL E MARIA JÚLIA.

Gabriel: — Mãe, seja o que for que tenha acontecido, eu vou ficar do seu lado. Mas preciso saber a verdade. Não posso fechar os olhos e fingir que nada está acontecendo.

Mª Júlia: — Pensei que tudo estivesse acabado. Nunca imaginei que, depois de tantos anos, a vida viesse nos pedir contas.

Gabriel: — Então é verdade. Esse moço pode mesmo ser o Marcelo.

Mª Júlia: — Pode, meu filho. E seu pai nunca poderá descobrir minha participação nessa história, senão vai acabar comigo.

Gabriel: — Nunca permitirei que ele toque em você.

Mª Júlia: — Obrigada, meu filho. Vou te contar tudo. Na verdade, não aguento mais guardar esse segredo.

CENA 23

1951 – ANTECEDENTES – RUA.

LANIRA E ALBERTO.

Lanira: — Hoje, estou que nem Cinderela. Tenho que voltar antes da meia-noite. (Alberto ri.) Você deveria rir mais. Fica muito melhor sem aquele ar de tragédia.

Alberto: — Sempre fui tímido, você é minha única amiga.

Lanira: — Deve ter sido duro para você viver sem família.

Alberto: — Foi. Achava que tinha sido rejeitado pelos meus pais. Fiquei aliviado quando descobri a minha história.

Lanira: — Alberto, eu preciso esclarecer uma coisa.

Alberto: — O quê?

Lanira: — Tenho notado que você está sentindo atração por mim.

Alberto: — É natural, não é?

Lanira: — Acontece que não pretendo namorar ninguém e não quero que a nossa amizade acabe.

Alberto: — Quer dizer que, se eu quiser namorar você, acaba nossa amizade?

Lanira: — Se você se apaixonar vai querer controlar minha vida, insistir, e não vai dar mais para sermos amigos.

SEM QUE ELA ESPERASSE, ALBERTO A ABRAÇA E
BEIJA. APANHADA DE SURPRESA, LANIRA INICIALMENTE
NÃO RESISTE.

Lanira: — Por que você fez isso?

Alberto: — Porque não consegui me controlar. Queria
beijar você desde o primeiro dia.

Lanira: — Não devia. Por favor, leve-me para casa.

CENA 24

1932 – NOITE DO CRIME – ANTIGA CASA DE JOSÉ LUÍS E
MARIA JÚLIA.

JOSÉ LUÍS E MARIA JÚLIA.

José Luís: — Maria Júlia, sabe quem acaba de ligar?

Mª Júlia: — A esta hora da noite, quem pode ser?

José Luís: — A Maria, aquela empregada que você vive
protegendo.

Mª Júlia: — Ela falou com você? Deve estar
desesperada.

José Luís: — Está mesmo. O filho morreu.

Mª Júlia: — O Albertinho morreu? Como?

José Luís: — Caiu da janela do quarto, do segundo andar.
Disse que o moleque se estabacou na calçada.

Mª Júlia: — Meu Deus! Eu preciso ir até lá.

José Luís:	— Você insistiu tanto, não queria que ela abortasse. Olha só no que deu. Agora a criança está morta.
Mª Júlia:	— Pobre menino.
José Luís:	— Ele tem a idade do Marcelo, não tem?
Mª Júlia:	— Nasceram na mesma época. Eu preciso ir até lá agora. A Maria precisa de mim.
José Luís:	— Ela que se arranje.
Mª Júlia:	— Eu preciso ir! Ela não deve ter nem dinheiro para o enterro.
José Luís:	— Está bem, o Bóris te leva.

CENA 25

1932 – NOITE DO CRIME – HOSPITAL.

BÓRIS.

Bóris:	— O corpo do menino ainda não foi liberado e é melhor a senhora não ir lá ver. Ele caiu de cabeça nas pedras, o rosto foi destruído. Melhor a senhora tomar conta da mãe que eu cuido de tudo para liberar o corpo.

CENA 26

1932 – NOITE DO CRIME – CASA DO DR. FRANCISCO CAMARGO DE MELO.

JOSÉ LUÍS E MARIA JÚLIA.

Mª Júlia: — José Luís, o que está acontecendo? O que estamos fazendo aqui na casa do Dr. Camargo?

José Luís: — Tenho um plano que vou pôr em ação. Meu pai sempre disse que foi lesado pelo tio Francisco na partilha da herança. Chegou a hora de ter de volta com juros o que me pertence.

Mª Júlia: — O que você vai fazer?

José Luís: — Vou cuidar de tudo e você vai fechar a boca. Se abrir, vai se arrepender.

Mª Júlia: — Onde está Maria?

José Luís: — Tomou um calmante e está dormindo.

Mª Júlia: — E o enterro?

José Luís: — Deixe por minha conta. Vai ser o maior enterro que você já viu. Com tudo de primeira.

CENA 27

1932 – NOITE DO CRIME – CASA DO DR. FRANCISCO CAMARGO DE MELO.

ELEUTÉRIA, ALBERICO E MARIA JÚLIA.

ALBERICO E ELEUTÉRIA CONVERSAVAM, MARIA JÚLIA ESCUTA SEM SER VISTA.

Eleutéria: — É pegar ou largar, Alberico. É a chance da nossa vida.

Alberico: — Não sei, não. Vai ser uma tragédia.

Eleutéria: — O moleque já morreu mesmo. Não vamos matar ninguém.

Alberico: — O Dr. Camargo é louco pelo menino. Não é justo fazer isso com ele, Eleutéria.

Eleutéria: — Que nada, isso passa! Gente rica esquece logo. E nós vamos ficar bem de vida!

Alberico: — O que vão fazer com o Marcelo?

Eleutéria: — Não vão fazer nada. Só vão sumir com ele.

Alberico: — Sumir como?

Eleutéria: — Sei lá, homem. Isso não me interessa.

CENA 28

1932 – NOITE DO CRIME – CASA DO DR. FRANCISCO CAMARGO DE MELO.

BÓRIS E JOSÉ LUÍS, DEPOIS MARIA JÚLIA.

Bóris: — Vai dar tudo certo, você vai ver.

José Luís: — Não sei, não. Estou preocupado com minha mulher.

Bóris: — Ela é cúmplice, vai usufruir de tudo também.

José Luís: — Mas e o menino? Vai ter que desaparecer.

Bóris: — O melhor é acabar com ele.

José Luís: — Então resolva logo isso.

Bóris: — O Alberico pode fazer o serviço.

José Luís: — Melhor assim, esse já está no rolo mesmo.

Bóris: — E a mãe do morto? Vai querer saber onde foi enterrado.

José Luís: — Pegue o atestado de óbito e arranje um túmulo para ela.

BÓRIS SAI, MARIA JÚLIA VAI FALAR COM JOSÉ LUÍS.

Mª Júlia: — Quero saber o que vocês estão fazendo.

José Luís: — Não precisa. Só tem que ficar calada.

Mª Júlia: — Estou metida nisso e tenho o direito de saber.

José Luís: — Está certo. Você vai ter que cooperar mesmo. Marcelo acaba de morrer em um acidente de carro. O corpo ficou irreconhecível. Eleutéria e Alberico vão testemunhar e eu vou dar o atestado de óbito. A porta do carro abriu e Marcelo foi atirado longe, bateu o rosto nas pedras.

Mª Júlia: — Isso é uma loucura! Ele está vivo!

José Luís: — Temos o corpo do filho da empregada.

Mª Júlia: — Isso nunca dará certo. É um horror! Só uma cabeça doente poderia pensar numa coisa dessas!

José Luís: — Você vai ficar calada, senão já sabe o que vai acontecer com você e com o seu filho.

CENA 29

1951 – ATUALIDADE – TRIBUNAL.

JUIZ, PROMOTOR, ADVOGADO DE DEFESA, MEIRINHO E BÓRIS.

Juiz: — Senhor Bóris Vladinovich, o que tem a relatar sobre os crimes de que é acusado?

Bóris: — Não fui eu quem fez isso. Foi ele quem planejou tudo nos mínimos detalhes. Eu só arranjei as pessoas para fazerem tudo. Mas quem envenenou o Dr. Camargo foi ele. Foi ele! Ele matou o próprio tio para roubar a herança. Eu não fiz nada. Só cumpri o que ele mandou para salvar minha pele. Ele me chantageava. Eu cometi alguns erros no passado, ele sabia. Eu fui obrigado a fazer o que mandou, senão me denunciaria. Eu seria preso e mandado de volta para a Rússia. Eu tinha medo!

CENA 30

1951 – ANTECEDENTES – BARCO DE GABRIEL.

GABRIEL E MARIA JÚLIA.

Gabriel:	— Mãe, por que ele domina você desse jeito? Do que a senhora tem medo?
Mª Júlia:	— É um segredo de família. Prefiro morrer antes que alguém descubra.
Gabriel:	— Por causa disso você concordou em fazer o que ele queria!
Mª Júlia:	— Foi. Concordei. Só Deus sabe como foi horrível. Sabia que Bóris era perverso e temia pela vida de Marcelo. Depois do enterro, procurei Alberico. Ele gostava muito do menino.

CENA 31

1951 – ATUALIDADE – TRIBUNAL.

JUIZ, PROMOTOR, ADVOGADO DE DEFESA, MEIRINHO E ELEUTÉRIA.

Promotor:	— Senhora Eleutéria da Silva, qual foi a sua participação nos fatos aqui ralatados, ocorridos em 1932?
Eleutéria:	— Eu não queria fazer isso. Eles me obrigaram. Parecia coisa simples, fácil. Eles fizeram tudo, trouxeram o corpo. Eu só consenti e ajudei na simulação do acidente. Não fiz por mal.
Promotor:	— A senhora confirma que cumpria ordens do Sr. José Luís?
Eleutéria:	— Aquele desgraçado! Bem que eu não queria. Foi ele quem me tentou, ofereceu todo

aquele dinheiro e eu cedi. Estava cansada de ser pobre.

Promotor: — E para deixar de ser pobre, concordou em participar dos crimes.

Eleutéria: — Não sabia que ele ia matar toda a família! Achei que não era tão grave assim. Ninguém matou, o moleque morreu da queda, nós só trocamos o corpo. Não posso pagar pelos crimes que não cometi.

Promotor: — A senhora sabia que ele pretendia eliminar a família toda?

Eleutéria: — Não! É claro que não!

Promotor: — Então, como a senhora imaginou que ele ficaria com a fortuna, se os parentes estavam vivos?

Eleutéria: — Não. Vocês não podem me culpar disso também.

Promotor: — A senhora foi cúmplice.

Eleutéria: — Juro que não sabia de nada. O Dr. Camargo morreu de tristeza. O Dr. José Luís disse que foi do coração. Eu vi o atestado de óbito.

Promotor: — Assinado por ele.

Eleutéria: — Sim. O velho se tratava com ele.

CENA 32

1932 – NOITE DO CRIME – CASA DO DR. FRANCISCO CAMARGO DE MELO.

MARIA JÚLIA E ALBERICO.

Mª Júlia: — Alberico, você tem que me ajudar a salvar o Marcelo.

Alberico: — D. Maria Júlia, não quero levar isso na consciência. Já chega o que eles fizeram.

Mª Júlia: — Você sabe onde ele está?

Alberico: — Sei. Bóris me ofereceu dinheiro para dar fim nele. Eu posso fingir que aceito.

Mª Júlia: — Precisamos agir depressa.

Alberico: — O que a senhora quer fazer?

Mª Júlia: — Salvar o Marcelo. Levá-lo para longe, onde ninguém possa lhe fazer mal.

Alberico: — Pode contar comigo.

CENA 33

1951 – ANTECEDENTES – RUA.

ALBERTO, BÓRIS E ANTUNES.

ALBERTO É ABORDADO POR DOIS MASCARADOS ARMADOS: BÓRIS E ANTUNES.

Antunes:	— Parado aí, senão você morre!
Bóris:	— Fique bonzinho que não vai acontecer nada com você.
Alberto:	— O que vocês querem? Podem levar o dinheiro.
Antunes:	— Nós queremos você, Alberto. Vamos andando.

COLOCAM UM CAPUZ NA CABEÇA DE ALBERTO, QUE É LEVADO PARA FORA DE CENA.

CENA 34

1951 – ANTECEDENTES – BARCO DE GABRIEL.

GABRIEL E MARIA JÚLIA.

Gabriel:	— Você salvou a vida dele!
Mª Júlia:	— Graças a Deus. Apesar de tudo, é isso que me conforta.
Gabriel:	— Mãe, ele tem o direito de reivindicar a herança. Roubaram tudo dele. O amor da família, os bens, até o país.
Mª Júlia:	— Eu sei, Gabriel. Eu sei.
Gabriel:	— Acho que ninguém vai poder impedir que a verdade apareça.
Mª Júlia:	— Está decepcionado comigo, meu filho?

Gabriel: — Não, mãe. Só não entendo por que se submete a ele.

Mª Júlia: — Eu não estou preparada para falar sobre isso.

Gabriel: — Estou pensando... uma coisa começou a me incomodar.

Mª Júlia: — O que foi?

Gabriel: — A morte de Marcelo não era suficiente para o papai receber a herança. Tio Francisco era vivo, o filho e a nora eram herdeiros diretos. Será que eles foram...?

Mª Júlia: — Não fale! Essa suspeita tem me incomodado a vida inteira.

Gabriel: — Morreram os três em menos de dois anos. É muita coincidência.

CENA 35

1951 – ANTECEDENTES – RESTAURANTE.

DANIEL, LANIRA E LÍDIA.

DANIEL E LANIRA VÃO SENTAR À MESA, CHEGA LÍDIA.

Lídia: — Lanira!

Lanira: — Lídia! Que surpresa! Daniel, esta é minha amiga, Lídia Vasconcelos.

Daniel: — Como disse?

Lanira: — Esta é Lídia, minha amiga que se cansou de morar em Nova York e resolveu voltar para o Rio.

Lídia: — Acabei de chegar.

Lanira: — O que foi? Parece que você viu um fantasma.

Lídia: — Parece mesmo.

Daniel: — Desculpe, estava distraído.

Lanira: — Aconteceu alguma coisa?

Daniel: — Não. Nada. Muito prazer.

Lídia: — Nós nos conhecemos de algum lugar?

Daniel: — É uma pena, mas acho que não.

Lídia: — Tenho a sensação de que já o conheço.

Daniel: — Pois é, eu também. Acho que já sonhei com você.

LÍDIA SORRI. LANIRA PUXA DANIEL DE LADO.

Lanira: — Daniel, o que está acontecendo? Você está muito esquisito!

Daniel: — É ela!

Lanira: — Ela quem?

Daniel: — A mulher do sonho!

Lanira: — A Lídia?

Daniel: — Esta Lídia é a mesma Lídia do sonho.

Lídia: — Com o mesmo nome e tudo?

Daniel: — Pois é. O mesmo olhar, o mesmo jeito, o mesmo... tudo.

Lanira: — Maninho, que delírio! E você ainda nem começou a beber!...

CENA 36

1951 – ANTECEDENTES – CASA DE MARIA JÚLIA.

MARIA JÚLIA E GABRIEL

Mª Júlia: — Gabriel, eu ouvi José Luís conversando com Bóris. Eles sequestraram o Marcelo.

Gabriel: — Tem certeza?

Mª Júlia: — Estão planejando matá-lo.

Gabriel: — Meu Deus! Temos que dar parte na polícia.

Mª Júlia: — Isso não!

Gabriel: — Mãe, é muito grave!

Mª Júlia: — Polícia, não.

Gabriel: — Então vou falar com a Lanira, ela pode avisar o Daniel.

Mª Júlia: — Vá, depressa. Alguma coisa tem que ser feita.

GABRIEL VAI AO ENCONTRO DE LANIRA.

CENA 37

1951 – ANTECEDENTES – RUA

GABRIEL E LANIRA

Lanira: — Sequestraram o Alberto? Não é possível!

Gabriel: — Eu queria ir à polícia, mas minha mãe tem medo.

Lanira: — Vamos falar com o detetive que está trabalhando no caso.

Gabriel: — Eu não posso concordar com um crime.

Lanira: — Você sabe que tem muito a perder com tudo isso, não é? Simplesmente tudo que sua família tem.

Gabriel: — Não me importo de perder o que nunca foi meu.

Lanira: — Gosto muito de você, Gabriel.

Gabriel: — Você, sim, eu não quero perder de jeito nenhum.

Lanira: — Pode contar comigo, aconteça o que acontecer.

ELE A BEIJA NOS LÁBIOS. DEPOIS DO BEIJO, LANIRA SEPARA-SE DELE.

Lanira: — Vamos até o escritório do Jonas. Não podemos perder tempo.

CENA 38

1951 – ANTECEDENTES – RUA

DANIEL E LÍDIA

Lídia: — Intuição. Sinto quando devo fazer ou não fazer as coisas. Quando conheço uma pessoa, sei se é confiável ou não.

Daniel: — Como isso acontece?

Lídia: — Não sei. Sinto e pronto. E nunca falha.

Daniel: — E eu? Sou confiável?

Lídia: — O meu coração está dizendo que posso me confiar a você, Daniel.

Daniel: — Gostei da sua intuição.

Lídia: — Toda vez que não faço o que a intuição manda, eu me arrependo.

Daniel: — Às vezes também tenho essa sensação. Mas controlo.

Lídia: — Nunca experimentou agir de acordo com o que sente?

Daniel: — Você acha que eu posso?

Lídia: — E por que não?

DANIEL A ABRAÇA, BEIJAM-SE.

Daniel: — Eu amo você, Lídia. Desde a outra vida, se é que isso existe.

Lídia: — Eu também. Você é o amor da minha vida, eu sei.

Daniel: — Você é a mulher dos meus sonhos.

CENA 39

1951 – ANTECEDENTES – ESCRITÓRIO DE JONAS.

JONAS, LANIRA E GABRIEL.

Lanira: — Você falou para ele tomar cuidado, Jonas. Mas ninguém levou a sério.

Jonas: — Vamos avisar a polícia imediatamente.

Gabriel: — Espero que ele esteja vivo.

Jonas: — Estamos lidando com gente muito perigosa.

Lanira: — A audiência será dentro de uma semana.

Jonas: — Foi por causa disso que eles agiram.

Lanira: — Tem que colocar alguém pra seguir o Bóris.

Jonas: — Tem razão, Bóris é quem dá as cartas.

Gabriel: — Mas ele não age sozinho, tem ajuda de um tal de Antunes.

Jonas: — José Antunes?

Gabriel: — Acho que é.

Jonas: — Esse é velho conhecido da polícia. Faz servicinhos sujos para uns políticos influentes, por isso tem as costas quentes. Mas sequestro é crime grave, agora nenhum padrinho político vai querer sujar as mãos.

CENA 40

1951 – ANTECEDENTES – CASA DE MARIA JÚLIA.

DR. LOUREIRO E JOSÉ LUÍS.

Dr. Loureiro: — Esse moço se parece muito com o Dr. Camargo.

José Luís: — Ele é um impostor.

Dr. Loureiro: — Mentir para seu advogado seria um tiro no pé, é melhor eu saber a verdade.

José Luís: — Claro que é verdade.

Dr. Loureiro: — Você fraudou documentos e afastou o seu sobrinho para ficar com a fortuna?

José Luís: — Se eu disser que sim, você continuará me defendendo?

Dr. Loureiro: — Lógico. Sou seu advogado e seu amigo.

CENA 41

1951 – ANTECEDENTES – PLANO INDEFINIDO.

GABRIEL E ESPÍRITO DR. CAMARGO

GABRIEL ESTÁ DE FRENTE PARA A PLATEIA, O ESPÍRITO DE DR. CAMARGO APARECE ÀS SUAS COSTAS.

Dr. Camargo: — Obrigado, Gabriel. Deus o abençoe. Sou muito grato à Maria Júlia por tudo quanto fez por Marcelo. E também a você, pelo que está fazendo agora. Não tenha medo, confie em Deus.

CENA 42

1951 – ANTECEDENTES – RUA.

GABRIEL E LANIRA

Gabriel: — Eu amo você. Quando tudo isso passar, podemos nos casar.

Lanira: — Casamento não está nos meus planos tão cedo.

Gabriel: — Eu também ainda não tinha pensado nisso. Mas agora...

Lanira: — Eu quero ser feliz. Se essa felicidade for ao seu lado, tudo bem. Mas e se estiver em outro lugar?

Gabriel: — Você é diferente. Nunca conheci ninguém como você.

Lanira: — É, eu sei. Acho que sou um novo tipo de mulher que está surgindo agora. Uma mulher que não vai mais depender do homem para seguir seu caminho na vida. Mas que poderá ser feliz junto de um companheiro quando se sentir completa ao lado dele.

Gabriel: — Então case comigo. Eu posso ser esse companheiro.

Lanira: — Eu gosto de você, Gabriel. Mas casar é outra coisa. Veja os seus pais, e os meus, vivendo de aparências.

Gabriel: — Nós não somos iguais a eles.

Lanira: — Vamos deixar acontecer. O que tiver que ser, será.

CENA 43

1951 – ANTECEDENTES – DELEGACIA

JONAS FALANDO AO TELEFONE.

Jonas: — Daniel? É Jonas. Pegamos os pilantras com a boca na botija. Está tudo bem. O Alberto está aqui na delegacia prestando esclarecimentos. Abatido, é claro. Mas inteiro. São aqueles dois malandros que a gente já sabia. O Bóris e o ajudante dele, um tal de Antunes. Apanhados em flagrante. Olha, o delegado está me dizendo que isso vale por uma confissão. Eles mesmos se condenaram. O susto foi grande, mas agora a causa

está ganha. Parabéns para nós! Vai ser uma
bomba nas colunas sociais!

CENA 44

SÉCULO 19 – ENCARNAÇÃO ANTERIOR – CASA DE
EURICO.

EURICO ASSISTE A CONVERSA ENTRE BETO E LÍDIA.

Beto: — Madrinha, não suporto mais. Este senti-
mento é mais forte do que eu.

Lídia: — Calma, meu filho. Você está confundindo as
coisas.

Beto: — Não me chame de filho! Sou um homem que
sabe o que sente.

Lídia: — Você chama de amor o que é apenas grati-
dão, amizade.

Beto: — Deixe-me mostrar como posso fazer a sua
felicidade.

BETO A ABRAÇA E TENTA BEIJÁ-LA, ELA LUTA PARA SE
DESVENCILHAR. EURICO ENTRA E AGARRA BETO.

Eurico: — Miserável. Como ousa? Depois de ser aco-
lhido como filho!

Beto: — Mentira. Vocês precisavam de alguém para
ser uma família e eu vim a calhar.

Eurico: — Depois de tudo o que fizemos por você?

Beto:	— Eu me apaixonei por ela desde o primeiro dia.
Lídia:	— Você não sabe o que está dizendo!
Beto:	— Quantas vezes, imaginando o que vocês faziam sozinhos no quarto, bati na porta dizendo que estava com medo...
Lídia:	— Isso não pode ser verdade.
Eurico:	— Junte todas as suas coisas e vá embora desta casa.

LÍDIA ABRAÇA EURICO, CHORANDO.

Lídia:	— Não faça isso. Ele não tem para onde ir.
Eurico:	— Pegue suas coisas e desapareça para sempre.
Beto:	— (Para Lídia) Eu volto para te buscar.

BETO SAI CORRENDO.

Lídia:	— Não o deixe ir. Por favor. Vocês estão loucos.
Eurico:	— Você o ama!
Lídia:	— O Beto é meu filho!

LÍDIA CAI DESMAIADA. EURICO A SOCORRE.

CENA 45

1951 – ANTECEDENTES – DELEGACIA

DELEGADO, ALBERTO, DANIEL E JONAS.

Alberto: — Poucos advogados teriam coragem de fazer o que você fez. Diziam que só aceitou essa causa porque era inexperiente.

Delegado: — Pois se houvesse mais advogados como você, muita gente que abusa do poder estaria respondendo por seus atos.

Alberto: — Como foi que descobriram o cativeiro?

Jonas: — Depois que Gabriel nos procurou, passamos a seguir Bóris e Antunes. Assim, hoje à noite, meus homens estavam na cola deles e me avisaram. O resto você já sabe.

Alberto: — Gabriel, filho de Maria Júlia? Ele nos ajudou?

Jonas: — A mãe se abriu com ele e, daí, ele pediu ajuda para Lanira.

Daniel: — Agora precisamos descansar, já são cinco da manhã.

CENA 46

1951 – ATUALIDADE – TRIBUNAL.

JUIZ, DANIEL, MARIA JÚLIA

Juiz: — Senhora Maria Júlia Camargo de Melo, está ciente da gravidade das acusações que pesam sobre seu envolvimento neste caso?

Mª Júlia: — Sim, Meritíssimo.

Juiz: — O que pode alegar em sua defesa?

Mª Júlia: — Não penso em me defender, apenas contar alguns fatos.

Juiz: — A palavra é sua.

Mª Júlia: — Eu não podia aceitar a morte de Marcelo. Sabia que Alberico, o motorista, era um homem bom e gostava muito do menino. Conversei com ele e combinamos tudo. Em vez de matar, ele escondeu o Marcelo durante algum tempo. Aproveitei que andava muito nervosa e pedi para fazer uma viagem com meu filho Gabriel até o convento das irmãs onde eu tinha sido interna, para descansar. José Luís concordou. Senti que ele ficou aliviado por se ver livre de mim para realizar seus planos sem interferência. Vendi algumas joias e comprei as passagens para a Inglaterra. Deixei meu filho com as freiras, dizendo que precisava socorrer uma amiga doente em outra cidade. Apanhei Marcelo com Alberico e embarcamos para Londres. Procurei o colégio e deixei Marcelo lá.

Juiz: — E por que a senhora não procurou o Dr. Francisco Camargo para contar a verdade?

Mª Júlia: — Quando voltei soube que ele estava muito doente. José Luís era o médico dele e Bóris estava lá, tomando conta. Não pude fazer nada. Pensei em procurar Cláudio e Carolina, mas eles viajaram e eu não sabia onde estavam.

Juiz: — Eles não voltaram dessa viagem?

Mª Júlia: — O Dr. Camargo morreu, Cláudio e Carolina vieram para o enterro e eu fui constantemente vigiada por Bóris. Estava proibida de sair de casa. Então soube que eles foram para a Itália, mas antes passaram uma procuração para José Luís, para que ele cuidasse dos negócios da família.

Juiz: — Foi quando sofreram o acidente de lancha?

Mª Júlia: — Foi. Eles viajaram e o José Luís resolveu ir para a França. Bóris nos acompanhou e eu sabia que Cláudio e Carolina corriam perigo, mas não consegui fazer nada.

Daniel: — Peço uma pausa, Meritíssimo. Minha cliente está esgotada.

Mª Júlia: — Falta pouco. Preciso ir até o fim. A lancha explodiu, voltamos ao Brasil e ele herdou a fortuna. Sempre que eu pretendia deixá-lo, ele ameaçava a vida de Gabriel. Com isso ele me acorrentou até agora.

Juiz: — A senhora acredita que seu marido seria capaz de fazer algum mal ao próprio filho?

Mª Júlia: — Tenho motivos para acreditar nisso, mas não os posso revelar. Esse é um segredo que carrego comigo. No início, era por causa de meu pai, que já não importa mais. Agora tenho medo do julgamento dos meus filhos.

CENA 47

1951 – ANTECEDENTES – LANCHONETE.

DR. LOUREIRO E ALBERTO

Loureiro: — Sou o advogado do Dr. José Luís. Gostaria de conversar com você em um lugar discreto.

Alberto: — Podemos ir ao escritório do meu advogado.

Loureiro: — Não. O que tenho a conversar é só com você.

Alberto: — Pois bem. Do que se trata?

Loureiro: — O meu cliente está muito aborrecido com essa situação e quer propor um acordo.

Alberto: — De que forma?

Loureiro: — Ele está muito arrependido do que fez no passado. Na verdade, anda até doente. Acontece que a família não sabe de nada, ele está tão desesperado que me assusta.

Alberto: — Ele não pensou em nada quando fez o que fez.

Loureiro: — É verdade. Ele estava louco. Mas está arrependido e quer devolver a fortuna.

Alberto: — A troco de quê?

Loureiro: — De retirar a queixa na justiça. Ele quer poupar a família. Não se importa de perder o dinheiro, mas quer o nome limpo. Por causa dos filhos.

Alberto: — O senhor acha que depois de tudo quanto

eu passei, depois do sofrimento dos meus
pais e do meu avô me julgando morto, eu
faria um trato com ele? Com esse sujeito não
tem acordo. Ele tem é que ir para a cadeia.
Eu quero meu nome de volta. Limpo, como
sempre foi. Diga isso a ele, doutor.

CENA 48

1951 – ANTECEDENTES – CASA DE MARIA JÚLIA.

JOSÉ LUÍS E MARIA JÚLIA

José Luís: — Apronte-se, temos que sair.

Mª Júlia: — Ir para onde a esta hora?

José Luís: — Vamos viajar.

Mª Júlia: — Para onde?

José Luís: — Para longe, até que essa onda passe.

Mª Júlia: — Eu não vou com você, José Luís.

José Luís: — Você é cúmplice. Se ficar, vai ser presa.

Mª Júlia: — Não importa. Fugir eu não vou.

José Luís: — Se você não tivesse se metido no meio e
salvado a vida dele, hoje não estaríamos
passando por esse vexame.

Mª Júlia: — Nunca concordei com o que vocês fizeram.

José Luís: — Mas usufruiu de tudo até hoje.

Mª Júlia: — Você sabe que me calei por outro motivo.

José Luís: — Você vem comigo.

Mª Júlia: — Não posso abandonar Laura e Gabriel para suportarem sozinhos o peso do escândalo.

José Luís: — Eles que se arranjem. São adultos.

Mª Júlia: — Que você faça isso com Gabriel, eu entendo. Você nunca o suportou. Mas com Laura! Ela é sua filha!

José Luís: — Mais tarde mandarei buscá-la.

Mª Júlia: — Faça o que quiser, mas eu fico.

ELE TIRA UM REVÓLVER DO BOLSO.

José Luís: — Um crime a mais um a menos já não importa. Se não quiser me acompanhar, acabo com a sua vida. Depois escrevo uma carta contando toda a verdade ao Gabriel. Ele vai saber que espécie de mulher é a sua mãe.

Mª Júlia: — Está bem, eu vou.

José Luís: — Então vá logo fazer as malas.

COM A ARMA EM PUNHO, ELE A ARRASTA PELO BRAÇO PARA FORA DE CENA.

CENA 49

1951 – ANTECEDENTES – CASA DE MARIA JÚLIA / ESCRI-TÓRIO DE DANIEL.

GABRIEL TELEFONA PARA DANIEL.

Gabriel: — Daniel, meu pai fugiu e levou mamãe com ele.

Daniel: — Temos que fazer alguma coisa. Temo pela vida dela.

Gabriel: — Ela deixou um bilhete. Diz que ele está armado e que foram para o aeroporto.

Daniel: — Vai tentar sair do país. Comunique a polícia, que eu vou chamar o Jonas.

CENA 50

1951 – TRIBUNAL.

Antunes: — Sinceramente, Meritíssimo, não sei o que estou fazendo no meio deste julgamento. Eu era criança quando esses crimes aconteceram.

Juiz: — Caso não tenha prestado atenção à leitura dos autos, o senhor foi preso em flagrante e indiciado por sequestro.

Antunes: — Foi um golpe de azar. Eu não tinha nenhum envolvimento nesse caso, nem sabia do que se tratava. Fui lá para ajudar o meu amigo Bóris. Ele me falou que precisava dar um pega no moço, porque ele estava amea-çando a família do Dr. José Luís. A gente não pretendia fazer nenhum mal não, só íamos dar um susto nele.

CENA 51

1951 – ANTECEDENTES – ESCRITÓRIO DE DANIEL.

LANIRA, ALBERTO E DANIEL

Daniel: — Passei no fórum. O juiz deu sentença favorável.

Alberto: — Ganhamos a causa?

Daniel: — Ganhamos!

Lanira: — Viva! Você leu?

Daniel: — Li. Mandei tirar uma cópia para nós. Está aqui. O juiz reconheceu você, Alberto, como sendo Marcelo Camargo de Melo, legítimo e único herdeiro dos bens de sua família.

Alberto: — Graças a Deus!

Daniel: — E tem mais! Determinou a prisão de José Luís e mandou reabrir a investigação das mortes.

Alberto: — Finalmente está sendo feita justiça!

Lanira: — O telefone não para de tocar, todos os jornais querem entrevistar vocês dois. Devem estar sabendo da sentença.

Daniel: — Quando cheguei ao fórum a notícia já tinha se alastrado. Os colegas estavam mais amáveis do que de costume.

Lanira: — Agora, vocês estão famosos. Parabéns, maninho. Parabéns, Alberto.

Alberto: — Alberto morreu hoje. Agora só existe Marcelo.

Lanira: — É verdade. Precisamos nos acostumar.

CENA 52

1951 – ANTECEDENTES – CASA DE MARIA ALICE.

ANTÔNIO E MARIA ALICE

Antônio: — Você viu os jornais? Este mundo está virado mesmo. Daniel ganhou aquela causa!

Mª Alice: — A mentira tem pernas curtas.

Antônio: — Nunca imaginei que ele pudesse conseguir.

Mª Alice: — Eu tinha certeza.

Antônio: — Você parece muito bem informada. Por que nunca me disse?

Mª Alice: — Não tive vontade.

Antônio: — Que conversa é essa?

Mª Alice: — Nossos filhos me ensinaram que é possível viver de acordo com o que a gente acredita.

Antônio: — Daniel é um irresponsável e Lanira é uma inconsequente.

Mª Alice: — Lanira apoiou o irmão quando toda a família ficou contra ele. E Daniel mostrou como deve agir um homem que se compromete com o que faz.

Antônio: — Foi um golpe de sorte. Poderia ter quebrado a cara.

Mª Alice: — Sabe quem deveria se espelhar nele? Você, que foi eleito, mas nunca cumpriu nenhuma promessa de campanha. Pelo menos, não as que fez no palanque.

Antônio: — Você é minha esposa! Não tem o direito de falar assim comigo.

Mª Alice: — Ainda sou, mas estou decidida a deixar de ser.

Antônio: — O que é isso?

Mª Alice: — Eu quero o desquite.

Antônio: — Você agora está contra mim?

Mª Alice: — Pelo contrário, estou a favor. Mas sei perfeitamente o que você tem para me oferecer. E isso não é mais suficiente.

Antônio: — Você só pode estar doente.

Mª Alice: — Só estou cansada do jogo de aparências.

Antônio: — Não posso acreditar em uma coisa dessas!

Mª Alice: — Você faz promessas eleitorais que nunca pensou em cumprir, usa o poder para beneficiar interesses pessoais, desfila por toda parte com a sua amante-assessora parlamentar.

Antônio: — Você está acusando sem provas.

Mª Alice: — Tudo o que eu falei é de conhecimento público. Tenho me obrigado a participar da sua vida, sem prazer nem motivação. É como se minha alma estivesse morta.

Antônio: — Você está se precipitando. Um desquite vai ser um escândalo.

Mª Alice: — As futilidades já não servem mais.

Antônio: — Vai nos prejudicar, prejudicar nossos filhos.

Mª Alice: — Estou disposta a pagar o preço para ser livre, pela primeira vez na vida.

Antônio: — Estou em plena campanha. O que vão dizer os meus aliados?

Mª Alice: — Corteje seus cupinchas como quiser, mas não conte mais comigo para isso.

Antônio: — Não sei o que está acontecendo com você. Francamente!

Mª Alice: — Eu estou decidida a fazer da minha vida alguma coisa melhor e, desta vez, ninguém vai me impedir.

CENA 53

1951 – ANTECEDENTES – CÁRCERE DE MARIA ALICE NO PARAGUAI.

POLICIAIS PARAGUAIOS LOCALIZAM MARIA JÚLIA, ACORRENTADA.

Policial: — ¿Donde está el hombre?

Mª Júlia: — Ele saiu, disse que volta para me buscar. Por favor! Não deixe. Não quero ir. Quero meus filhos!

MARIA JÚLIA SOLUÇA EM CRISE NERVOSA E O POLICIAL A ABRAÇA.

Policial: — ¡Calmate! Estamos aqui para ayudarla. Somos de la policía.

Mª Júlia: — Graças a Deus.

Policial: — ¿Como se llama, señora?

Mª Júlia: — Sou Maria Júlia Camargo. Meus filhos estão à minha procura no Brasil.

Policial: — Vamos a libertarla y empezar todas las providencias.

Mª Júlia: — Quero ir para casa.

Policial: — ¿Usted sabe donde fue el hombre?

Mª Júlia: — Não sei o nome do lugar, disse que ia fretar um avião. Mas ele vai voltar, com toda certeza. Está louco. Não quer me deixar.

Policial: — Quando venga estaremos de campana por el.

ESTA CENA PROSSEGUE EM AÇÃO PARALELA COM A PRÓXIMA. OS POLICIAIS LIBERTAM MARIA JÚLIA DAS CORRENTES E A LEVAM PARA FORA DE CENA.

CENA 54

1951 – ANTECEDENTES – ESCRITÓRIO DE DANIEL.

DANIEL E JONAS

Jonas: — Encontramos o bicho.

Daniel: — José Luís?

Jonas: — Numa vila perto de Assunção, no Paraguai.

NO OUTRO PLANO DE AÇÃO, JOSÉ LUÍS ENTRA SEM DESCONFIAR DE NADA E É PRESO, LEVADO PARA FORA DE CENA PELOS POLICIAIS.

Daniel: — Vou ligar para o Gabriel.

Jonas: — Bom moço, nem parece filho daquele canalha!

CENA 55

1951 – ANTECEDENTES – BARCO DE GABRIEL.

GABRIEL E LANIRA

Gabriel: — Lanira, você tem sido maravilhosa conosco.

	Mas não quero que se envolva nesse escândalo.
Lanira:	— Já estou envolvida, Gabriel.
Gabriel:	— Daqui para a frente é melhor que se afaste de nós.
Lanira:	— E você acha que eu consigo me afastar?
Gabriel:	— Meu pai vai ser condenado, nosso nome já está na lama. Não posso arrastar você para uma situação dessas.
Lanira:	— Você quer decidir por mim sem saber se estou de acordo.
Gabriel:	— Logo aparece um pretendente melhor do que eu.
Lanira:	— Não estou à procura de um casamento de conveniência.
Gabriel:	— Você já recusou meu pedido uma vez.
Lanira:	— Quem decide a minha vida sou eu.
Gabriel:	— Não quero que essa lama toda respingue em você.
Lanira:	— Vá descansar, que está precisando e eu não estou gostando da conversa. Boa noite!

LANIRA BEIJA-O COM CARINHO NA FACE E SAI.

CENA 56

1951 – ANTECEDENTES – ESCRITÓRIO DE DANIEL.

DANIEL E GUILHERME GOUVEIA

Daniel: — Doutor Guilherme Gouveia! Prazer em recebê-lo.

Gouveia: — Tenho acompanhado com muito interesse o caso que você está defendendo. Há uma semana cheguei ao Brasil. Estava como adido da embaixada brasileira em Bruxelas.

Daniel: — Tenho notícias da sua carreira diplomática. É preciso disposição para estar sempre fora do país.

Gouveia: — Desta vez pretendo ficar. Estou um pouco cansado de viajar.

Daniel: — Mas qual é seu interesse no caso? Estaria representando o réu?

Gouveia: — Absolutamente. Há muitos anos conheci o casal. Para ser sincero, foi por isso que voltei. Estou aqui para colaborar.

Daniel: — Nesse caso, vou colocá-lo a par de tudo. D. Maria Júlia tem sido uma vítima em tudo isso, mas está difícil provar que ela não foi cúmplice. José Luís diz que foi, e os outros confirmam. Estamos querendo impedir essa injustiça. O próprio Marcelo testemunhou a favor dela, mas está difícil explicar por que ela se calou durante tanto tempo.

Gouveia: — Ela nunca disse o motivo?

Daniel: — Alega que teve medo, mas isso não serve de prova.

Gouveia: — Talvez tenha sido ameaçada.

Daniel: — Mas quem acreditará nisso?

Gouveia: — Existem fatos do passado que ainda não foram revelados. Eu me apresento como testemunha para contar essa história que Maria Júlia tem receio de contar.

Daniel: — Desculpe. Não entendi.

Gouveia: — Maria Júlia não quer falar do passado para não me envolver num escândalo. Tem medo de prejudicar minha carreira.

Daniel: — Então o senhor está envolvido?

Gouveia: — Mais do que você pode imaginar.

Daniel: — Está disposto a envolver sua família também?

Gouveia: — Minha mulher morreu há cinco anos. Meus filhos estão casados e vivem no exterior. Mas... ainda que estivessem todos aqui! Eu preciso lavar minha alma, fazer finalmente o que o coração manda. Preciso apagar um pouco a lembrança de todo mal que causei a Maria Júlia.

CENA 57

1951 – ATUALIDADE – TRIBUNAL.

JUIZ, PROMOTOR, JOSÉ LUÍS.

José Luís: — O que ninguém falou ainda, Senhor Juiz, é que o Dr. Francisco Camargo roubou a fortuna do meu pai, que era irmão dele.

Quando meu avô morreu, ele usou de uma série de expedientes, aproveitando-se da inexperiência e boa-fé de meu pai. Manipulou o inventário para ficar com tudo. Deixou a minha família na miséria. Meu pai morreu de desgosto e minha mãe se sacrificou para me fazer estudar Medicina. Eu cresci odiando o velho e levei anos à espera de uma oportunidade para fazer justiça. Maria Júlia sabia de tudo e estava tão revoltada quanto eu, ela nunca se conformou em viver sem o luxo que deveríamos ter. Quando o filho da empregada morreu, foi ela quem deu a ideia da troca para dar sumiço em Marcelo. Mais tarde, ela me ajudou a planejar o resto. Nós nos amamos e ela sempre esteve ao meu lado. Quando o Bóris fez a besteira para dar um susto no Marcelo e tudo se complicou, foi ela quem quis fugir para o Paraguai. Se não tivesse o seu apoio, eu não teria coragem para fazer tudo o que fiz.

CENA 58

1951 – ATUALIDADE – TRIBUNAL.

JUIZ, DANIEL E GUILHERME GOUVEIA

Gouveia: — Eu me apresentei como testemunha para evitar que se cometa uma injustiça. Sei que Maria Júlia é inocente dos crimes que foram cometidos contra os Camargo.

Daniel: — Dr. Guilherme Gouveia, como é que o senhor sabe disso?

Gouveia: — Porque a conheço muito bem e sei que tem sido vítima da maldade do marido a vida inteira.

Daniel: — Em que se baseia a sua afirmação?

Gouveia: — Eu sei por que motivo ela ficou calada durante todo esse tempo.

Daniel: — Na verdade, desde que tomamos conhecimento dos fatos, temos feito essa pergunta. Se ela não foi cúmplice, por que não procurou a polícia para contar o que sabia?

Gouveia: — Ela estava sendo ameaçada no que tem de mais sagrado. Na pessoa de seu filho!

Daniel: — Pode nos esclarecer melhor?

Gouveia: — Para isso terei que voltar no tempo e contar a história de minha vida.

Daniel: — Por favor, prossiga.

Gouveia: — Tudo começou em 1929. Eu tinha loucura por Maria Júlia. Nessa época eu já estava casado e ela tinha dezessete anos. Meu casamento com Isaura obedeceu mais à escolha da família. Eu gostava dela, mas amor só vim a conhecer quando vi Maria Júlia. Se dissesse que era comprometido ela nunca me aceitaria, por isso a enganei. Estava louco, não tinha forças para deixá-la. O pai dela era muito rigoroso e exigia obediência cega. Quando ela me contou que estava grávida, eu tive que revelar que já era casado e tinha dois filhos. Ela queria se suicidar. Desesperado, eu a levei ao apartamento de um conhecido, um rapaz que estava no último ano de Medicina, que concordou em fazer um aborto. Foi assim que ela conheceu José Luís. Disse que antes de fazer o aborto ela deveria tomar alguns medicamentos para evitar problemas futuros. Eu precisei viajar a serviço, pretendia voltar logo, mas meu pai descobriu nossa história e providenciou para que eu fosse mandado para longe. Fui embora com a família pensando que ficaria fora dois meses. Entretanto, eles foram me segurando. Quando voltei, ela havia se casado com José Luís.

CENA 59

1951 – ATUALIDADE – TRIBUNAL.

JUIZ, DANIEL, MARIA JÚLIA E GUILHERME GOUVEIA

POSICIONADOS EM LADOS OPOSTOS DA CENA, GOUVEIA E MARIA JÚLIA ALTERNAM SEUS DEPOIMENTOS.

Mª Júlia: — Com a desculpa do tratamento preparatório ele foi adiando, até que abriu o jogo, dizendo que eu já estava com mais de três meses de gestação e que seria impossível fazer um aborto a essa altura. Que não havia feito antes porque tinha medo de não estar preparado o suficiente e provocar uma tragédia. Disse que me amava e estava disposto a se casar, assumindo a paternidade da criança. Eu me agarrei a essa tábua de salvação. Hoje agradeço a Deus por não termos feito aquilo. Meu filho é meu tesouro. Mas, naquele tempo, só pensava na fúria de papai. Mesmo sem amor, aceitei, porque era a única saída.

Gouveia: — José Luís me mandou uma carta dizendo que eles iriam casar. Que eu nunca mais a procurasse, porque Maria Júlia não me queria. Acreditei naquela carta e concordei em me afastar. Senti que não tinha o direito de prejudicar mais a sua vida. E até hoje, quando penso, sinto uma tristeza enorme, porque sei que Maria Júlia viveu a vida toda sob chantagem. Ele ameaçava a vida de Gabriel.

Mª Júlia: — Eu sabia que ele havia assassinado o próprio tio, os primos, que tentou matar Marcelo sem nenhum remorso. Não duvidava que ele seria capaz de cumprir a ameaça. Todos haviam morrido mesmo, quem lucraria com minha confissão? Preferi proteger a vida de meu filho.

Gouveia: — Mas agora o pesadelo acabou. Maria Júlia está livre desse martírio. Tenho a certeza de que sairá deste tribunal livre e de cabeça erguida.

Mª Júlia: — Não guardo rancor de José Luís. Foi ele quem evitou que em meu desespero fizesse um aborto e, assim, permitiu que meu filho vivesse. Sempre serei grata por isso, mas nunca mais quero vê-lo. Desejo que ele um dia tome consciência de todo o mal que fez, que se arrependa e que possa mudar sua maneira de ser. Quanto a mim, agora, a única coisa que espero da vida é estar em paz com meus filhos, se Deus permitir.

CENA 60

1951 – ATUALIDADE – TRIBUNAL.

JUIZ, PROMOTOR, DANIEL E OS RÉUS.

Daniel: — Aí está, Senhores Jurados, a explicação que faltava. A última peça do quebra-cabeça, a razão para o silêncio torturado de D. Maria Júlia. Foi o amor de mãe, incondicional e eterno, que a subjugou por tanto tempo. É preciso respeitar a luta desta mulher que tudo suportou para proteger o filho, que sempre foi vítima dos desmandos do marido de sua mãe. Gabriel e sua irmã Laura, criados e educados como ricos herdeiros, jovens com presença constante nas colunas sociais, viram-se de repente não apenas privados da fortuna material, mas ameaçados em seu patrimônio moral, sofrendo pelos erros de um pai insensato e transtornado em sua ambição e sede de vingança. Mais do que nunca, eles precisam da mãe ao seu lado. Senhores Jurados, esta mulher já sofreu demais sem ter cometido crime algum. Mesmo rodeada de malfeitores da pior espécie, conservou a dignidade, fez o que pôde para evitar que mais crimes fossem cometidos. Esta senhora salvou a vida de Marcelo duas vezes: quando ele era criança, levando-o para longe dos seus algozes, e agora, há poucos meses, quando o sequestraram pela segunda vez. Sim! Ela e seu filho Gabriel colaboraram com a investigação, fornecendo informações preciosas que possibilitaram a prisão em flagrante dos sequestradores. Por causa disso, também ela acabou sequestrada, levada para outro país e mantida em cativeiro, acorrentada, sob ameaça constante. E tudo que ela pede é uma oportunidade para, daqui por diante, viver em paz com seus filhos. Peço a sua completa e total absolvição. Senhoras e senhores Jurados, tenho plena confiança de que lhe farão justiça.

Juiz: — A sessão está suspensa para deliberação dos Jurados.

CENA 61

1951 – ATUALIDADE – TRIBUNAL, APÓS A INTERRUPÇÃO.

MARIA ALICE, DANIEL LÍDIA E LANIRA

Mª Alice: — Você me comoveu! Não imaginei que pudesse ser tão brilhante!

Daniel: — Obrigado, mãe.

Mª Alice: — Sinto-me orgulhosa e feliz. Você escolheu o caminho certo.

Daniel: — É o que eu sempre quis.

Lídia: — Você está predestinado a defender a justiça.

Daniel: — A causa é nobre. Defender uma pessoa inocente é gratificante.

Lídia: — Tenho certeza de que se ela fosse culpada você não a defenderia.

Daniel: — Não mesmo.

Lanira:	— Um advogado deve defender o cliente, mesmo que seja culpado.
Daniel:	— Não eu. Não encaro assim. Para defender uma causa ou uma pessoa, preciso acreditar que estou fazendo um bem. Sem essa convicção, fico sem argumentos.
Lídia:	— Eu tinha certeza de que você diria isso. Eu sei que você é um advogado de Deus! Quem defende o bem e a verdadeira justiça não está sendo um instrumento dele?

ALBERTO, MARIA JÚLIA, GABRIEL, LÍDIA E LAURA

Alberto:	— Sempre desejei falar com a senhora. Agradecer tudo que fez por mim. Lamento ter envolvido sua família, mas não pude evitar.
Mª Júlia:	— Eu sei, meu filho. Você fez o que precisava fazer.
Alberto:	— Lamento por vocês, não queria que sofressem. Gabriel, obrigado pela ajuda. É preciso coragem para fazer o que fez.
Gabriel:	— Apesar de tudo, estou em paz. Gostei de seu depoimento, fez o que pôde para inocentar mamãe.
Alberto:	— Apenas falei a verdade. Se não fosse por ela, eu não estaria aqui.

CENA 62

1951 – ATUALIDADE – TRIBUNAL.

TODOS

Meirinho: — Todos de pé para a reabertura da seção!

Juiz: — Com base na decisão dos jurados, que já foi dada a conhecer, vamos proceder a leitura da sentença. Os réus Bóris Vladinovitch e Eleutéria da Silva deverão cumprir pena de trinta anos de reclusão cada um, em regime fechado. Por sua participação no sequestro de Marcelo Camargo de Melo, o réu José Antunes cumprirá pena de quinze anos de reclusão, em regime fechado. O réu José Luís Camargo de Melo foi condenado a noventa anos de prisão, em regime fechado. Por considerar que a ré Maria Júlia Camargo de Melo agiu sob coação, o Júri a declara inocente de todas as acusações. A sessão está encerrada.

José Luís: — Bandidos, canalhas, traidores! Vocês me pagam. Vou me vingar. Vou acabar com todos vocês, um por um!

JOSÉ LUÍS DE UM SALTO AGARRA DANIEL, DANDO UM MURRO EM SEU ROSTO. OS POLICIAIS O AGARRAM.

José Luís: — Você não me venceu, seu moleque maldito! Nem você, sua traidora. Vou acabar com vocês. Eu sou mais forte, mais inteligente, mais rico.

OS GUARDAS FINALMENTE CONSEGUEM IMOBILIZÁ-LO
E ARRASTÁ-LO PARA FORA.

Laura: — Pai, não faça isso! Eles vão te machucar! Por favor.

ELA EMPALIDECE E CAMBALEIA. ALBERTO, QUE ESTAVA
A SEU LADO, A AMPARA.

Mª Júlia: — Podemos ir para casa?

Daniel: — Podem. A senhora está livre.

ELA ABRAÇA DANIEL.

Mª Júlia: — Obrigada, Daniel, por tudo que fez por nós. Nunca esquecerei.

ELE CORRESPONDE AO ABRAÇO, DEPOIS MARIA JÚLIA
VAI ATÉ GOUVEIA.

Mª Júlia: — Obrigada, Guilherme. Sem seu depoimento, talvez agora eu não estivesse livre.

ELE SEGUROU A MÃO QUE ELA LHE ESTENDIA E BEIJOU
MARIA JÚLIA NA FACE.

Gouveia: — Vá com Deus e fique bem. Quero que você seja feliz.

GABRIEL OLHOU-O NOS OLHOS. TEM VONTADE DE
ABRAÇÁ-LO, MAS ESTENDE A MÃO.

Gabriel: — Também sou grato pelo que o senhor fez. Obrigado.

MARIA JÚLIA, LAURA E GABRIEL SE AFASTAM.
GUILHERME GOUVEIA VOLTA-SE PARA DANIEL.

Daniel: — Fique firme. Vai dar tudo certo.

Gouveia: — É. Acho que vai. Parabéns pelo trabalho. Foi grande.

Daniel: — Obrigado.

Gouveia: — Se eu deixar meu emprego, talvez volte a advogar. Teria um lugar para mim em seu escritório?

Daniel: — Está brincando!

Gouveia: — Realmente ainda não sei como será minha vida. Mas é uma ideia. Se tudo acontecer como pretendo, acho que me aposento e fico por aqui.

GOUVEIA SAI. MARIA ALICE, LANIRA E LÍDIA CORREM E ABRAÇAM DANIEL.

Lídia: — Parabéns, meu amor!

DO OUTRO LADO DA SALA DE AUDIÊNCIAS.

GABRIEL, LAURA E ALBERTO, DEPOIS DR. CAMARGO (ESPÍRITO)

Laura: — Você vai mesmo tirar tudo que é nosso?

Gabriel: — Ela não quis dizer isso...

Alberto: — Quis, sim. Ela acha que sou um aventureiro que apareceu de repente para tirar tudo de vocês. Fique sabendo que só quero o que é meu por direito. Não tenho intenção de tirar nada de ninguém.

Laura: — É difícil de repente a gente saber que está pobre, que o nome da família não vale mais nada.

Gabriel: — Laura ainda não aceitou a situação. Desculpe, garanto que não temos intenção de ofender.

O ESPÍRITO DR. CAMARGO APROXIMA-SE E INSPIRA ALBERTO.

Alberto: — Você não sabe o que diz, Laura. Você ama sua mãe, seu irmão e até o seu pai. Sei que ama. Essa é a garantia de que, aconteça o que acontecer, eles estarão sempre no seu coração. Agora veja a minha situação: eu perdi todos os parentes, não tenho nem lembrança deles. Sozinho, tenho enfrentado o mundo, a solidão, a tristeza por tudo que nos aconteceu. Foi apoiado no amor do meu avô, na certeza de que ele sempre esteve comigo, que consegui chegar até aqui. Venci não só os inimigos da família, mas o mundo, com seus perigos, suas armadilhas. E o que é mais difícil, venci os meus medos. Não pense que foi fácil. Mas posso te garantir que essa luta desenvolveu a minha força. Hoje não tenho mais medo. O que pode te enfraquecer é se deixar envolver pelas ilusões, pelo orgulho, pelas armadilhas da vaidade. O único perigo que te ameaça de fato não vem de mim nem de ninguém, mas de você mesma. Agora é o momento de usar a sua força para conquistar o seu lugar. Isso ninguém nunca vai tirar de você.

Laura: — Desculpe.

Alberto: — Apesar da tragédia que nos envolveu, vocês são meus únicos parentes vivos. Vamos nos conhecer, descobrir se podemos nos tornar amigos. Tenho me sentido só. Finalmente conheço minha origem, sei meu nome, sou alguém. Mas não tenho com quem dividir essa alegria. Quem me dera ter uma mãe como a de vocês para abraçar.

Laura: — Tenho sido injusta com você. Perdoe-me.

Alberto: — Não tenho nada contra você. Estamos num ponto de partida.

CENA 63

1951 – ANTECEDENTES – CASA DE MARIA JÚLIA.

GUILHERME GOUVEIA E GABRIEL.

Gouveia: — Sempre desejei este encontro, meu filho. Mas agora que estamos aqui, não sei o que dizer.

GABRIEL O ABRAÇA E COMEÇA A CHORAR SENTIDAMENTE.

Gabriel: — Desculpe, não pude me conter.

Gouveia: — Nem eu. Infelizmente não pudemos conviver, mas nestes dias em que estivemos próximos pude ver como você é um bom rapaz. Eu tive orgulho de dizer a todos naquele tribunal que você é meu filho.

Gabriel: — Eu também senti orgulho de você.

Gouveia: — Quero recuperar o tempo perdido. Você sabe que ainda amo a sua mãe.

Gabriel: — Deu pra perceber.

Gouveia: — Meu maior sonho sempre foi casar com ela. Podemos ir para um país onde existe divórcio e regularizar nossa união.

Gabriel: — Por mim tudo bem. Vamos ver como Laura reage.

Gouveia: — Maria Júlia também me quer, mas tem medo de desgostar vocês.

Gabriel: — Se mamãe gosta de você, tem todo o direito de ser feliz.

CENA 64

REUNIÃO NO PLANO ESPIRITUAL.

EURICO E LÍDIA, ANTES DE REENCARNAREM.

Eurico: — Finalmente nos encontramos. Parece mentira que você está aqui comigo.

Lídia: — Mas é verdade, sou eu sim.

Eurico: — Diga que me perdoou.

Lídia:	— Eu amo você. Sempre amei.
Eurico:	— Quando você rolou da escada, quase enlouqueci.
Lídia:	— Não se culpe. Todos nós erramos. Eu não compreendi seu ciúme, nem a paixão de nosso filho.
Eurico:	— Se eu tivesse sido mais flexível, nada disso teria acontecido.
Lídia:	— Ele era um menino que estava confundindo os sentimentos.
Eurico:	— Eu me arrependi de tratá-lo como filho.
Lídia:	— Isso já passou. Todos sofremos e aprendemos.
Eurico:	— Agora podemos ficar juntos novamente.
Lídia:	— Antes disso, precisamos conversar com o Beto.
Eurico:	— Não sei se estou preparado.
Lídia:	— Temos que passar por um teste.

CENA 65

1951 – ATUALIDADE – PASSEANDO POR UM LOCAL TRANQUILO.

GOUVEIA E MARIA JÚLIA

O ADVOGADO DE DEUS

Gouveia: — Eu nunca deixei de te amar. Por isso voltei ao Brasil para depor.

Mª Júlia: — Esse amor tem sido meu alimento na vida.

Gouveia: — É por ele que desejo lutar daqui para a frente.

GOUVEIA ABRAÇA E BEIJA MARIA JÚLIA.

Gouveia: — Ainda temos muitos anos pela frente. Sou viúvo, nada nos impede de sermos felizes.

Mª Júlia: — E meus filhos?

Gouveia: — Agora já sabem a verdade. Eles vão entender.

Mª Júlia: — Tenho medo.

Gouveia: — Gabriel já me aceitou como pai. Pretendo reconhecê-lo como herdeiro.

Mª Júlia: — E Laura?

Gouveia: — Sei que posso ser um bom amigo para Laura, cuidar dela enquanto for preciso.

Mª Júlia: — E seus filhos? Podem não gostar.

Gouveia: — Meus filhos têm cabeça aberta e muito bom senso. Estou certo de que vão nos apoiar. Mas, se alguém não gostar, paciência!

Mª Júlia: — Você continua o mesmo impetuoso de antes.

Gouveia: — Quero minha consciência em paz. É assim que quero viver daqui para a frente.

Mª Júlia: — Você vai conseguir.

Gouveia: — Mas só vai valer a pena se for com você.

BEIJAM-SE.

CENA 66

REUNIÃO NO PLANO ESPIRITUAL.

NORMA, DR. CAMARGO, EURICO, LÍDIA E BETO, ANTES DE REENCARNAREM.

Dr. Camargo: — Para conquistar a felicidade precisamos resolver os relacionamentos inacabados. Vocês três estão ligados por laços que vocês mesmos construíram e precisam desatar.

Beto: — Eu quero pedir perdão.

Dr. Camargo: — Ninguém pode conquistar a felicidade escondendo as feridas do coração, mascarando o medo, carregando o peso da culpa.

Beto: — Fui ingrato, infiel, joguei fora todo o bem que me deram.

Lídia: — Eu gosto de vocês dois. Você, Eurico, é o amor da minha vida. Beto, o filho do meu coração. Essa é a minha forma de querer.

Beto: — Eu estava louco. Hoje sei que fui subjugado pela vaidade, pela competição, pelo ciúme.

Lídia: — Gostaria muito que fôssemos uma família espiritual, já que isso não foi possível naquele tempo.

Beto: — Eu queria a atenção de Lídia só para mim. Fui o causador da nossa tragédia.

Eurico: — Eu também tenho minha parcela de responsabilidade. Reconheço que fui duro e intransigente.

Beto: — Estou arrependido, pai. Se me perdoar, gostaria de ter a chance de começar de novo.

ABRAÇAM-SE OS TRÊS, EMOCIONADOS.

CENA 67

1951 – ATUALIDADE – BARCO DE GABRIEL.

LANIRA E GABRIEL

Gabriel: — Agora que a poeira assentou, eu já tenho um pai de verdade e a minha nova família vai se refazendo, preciso saber se você mudou de ideia.

Lanira: — Agora sim. Eu cheguei à conclusão que você é o homem que eu esperava.

Gabriel: — Então aceita se casar comigo?!

Lanira: — Sem pressa! Vamos devagar, que casamento me assusta.

Gabriel:	— Finalmente!
Lanira:	— Mas vou avisando que não pretendo me transformar numa matrona plantada dentro de casa. Tenho personalidade, faço as coisas do meu jeito e não gosto de ser controlada.
Gabriel:	— Você é incontrolável!
Lanira:	— Quero trabalhar, ter uma carreira. Tenho minhas próprias ideias e só aceito mudar quando estou convencida. Sinto que vou continuar sendo assim, mesmo te amando e com uma penca de filhos.
Gabriel:	— É por isso que eu gosto de você.
Lanira:	— Agora sou eu quem pergunta: Sabendo de tudo isso, ainda quer se casar comigo?
Gabriel:	— Tudo bem, eu assumo o risco. Mesmo porque não tem outro jeito, eu não conseguiria ser feliz sem você.

CENA 68

REUNIÃO NO PLANO ESPIRITUAL.

NORMA, DR. CAMARGO, EURICO, LÍDIA E BETO ANTES DE REENCARNAREM.

Beto:	— Deixei nossa casa, vivi muitos anos amargurado. Mas o pior foi quando voltei para cá. Fiquei vagando sem rumo, ouvia

vozes gritando, dizendo que eu era o seu assassino. Eu feri vocês dois com a minha obsessão.

Lídia: — Eu continuo te amando como um filho querido.

Beto: — Espero que me perdoem um dia.

Lídia: — Nada me faz mais feliz do que sermos amigos outra vez.

Eurico: — Bom, tudo passou. Eu quero esquecer o passado.

Norma: — Agora, podemos preparar a próxima encarnação dos três. Eurico terá chance de se casar com Lídia novamente.

Dr. Camargo: — Beto reencarnará como meu neto.

Beto: — Gostaria de fazer um pedido.

Norma: — Faça.

Beto: — Sei que, por não ter valorizado o que tive, vou ser privado da convivência dos pais, mas o que mais quero é formar minha própria família. Sei o quanto vale um afeto sincero e uma boa companheira.

Norma: — Tem certeza de que ela deseja ir?

Beto: — Nós nos amamos. Deixá-la aqui e seguir sozinho seria muito difícil para mim.

Norma: — Mas só no momento certo, quando tudo estiver resolvido. Então, ela irá ao seu encontro.

NESSE MOMENTO, UMA MOÇA LOURA ENTRA E ABRAÇA BETO.

EURICO TOMA LÍDIA PELA MÃO E SE AFASTAM DOS OUTROS.

Eurico: — Finalmente estou livre. Eu sou livre!

Lídia: — Nós somos livres, meu amor!

ABRAÇAM-SE.

FIM

Inspirações para sua alma | **VIDA & CONSCIÊNCIA**
EDITORA

O ADVOGADO DE DEUS
Zibia Gasparetto

Muitos profissionais do Direito afundam-se na ganância, perdendo-se na desonestidade. Daniel, porém, mostra-nos que ainda podemos confiar em pessoas que respeitam a ética, buscam a verdade e, eficientemente, promovem a Justiça. Na Terra, são anjos do bem e, no astral, advogados de Deus!

CATEGORIA: Romance
PÁGINAS: 416
ACABAMENTO: Brochura
ISBN: 978-85-85872-57-1

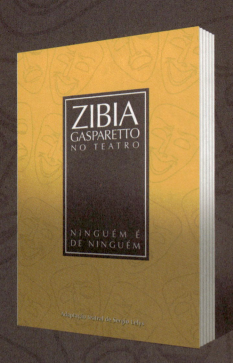

Ninguém é de ninguém

Zibia Gasparetto — adaptação teatral de Sergio Lelys

Se refletirmos, perceberemos que sofremos mais com as pessoas que amamos do que com aquelas que nos odeiam. O que você chama de amor não será apenas paixão? Você se inferioriza por não conseguir atingir os seus vaidosos ideais e sempre escolhe alguém para fazê-lo sentir-se melhor. Esta história o fará refletir sobre o falso e o verdadeiro amor, e perceber que a vida afetiva é um constante exercício de autodomínio. No final, descobrimos que só possuímos a nós mesmos, pois ninguém é de ninguém.

CATEGORIA: Teatro
PÁGINAS: 96
ACABAMENTO: Brochura
ISBN: 978-85-7722-144-8

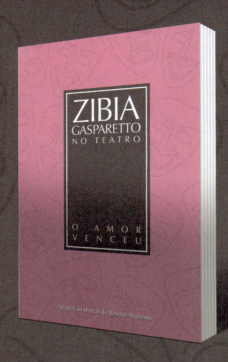

O AMOR VENCEU
Zibia Gasparetto — adaptação teatral de Renato Modesto

Como explicar o adiantamento do povo egípcio, cuja civilização existia milhares de anos antes da Era Cristã? Essa linda história de amor, que nos reporta à magnífica cidade de Tebas, no ano 1200 a.C., baseia-se nas leis reencarnacionistas, pois somente elas podem explicar os mistérios em que a humanidade se debate há milênios, tentando compreender o passado através do estudo de outros povos e de outras civilizações.

CATEGORIA: Teatro
PÁGINAS: 224
ACABAMENTO: Brochura
ISBN: 978-85-7722-146-2

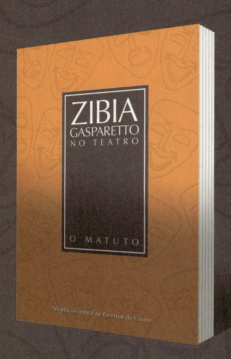

O matuto
Zibia Gasparetto — adaptação teatral de Ewerton de Castro

Um matuto que não sabia ler nem escrever. Herdeiro de uma enorme fortuna, parecia presa fácil para um advogado que tentava ludibriá-lo e para o tio que, julgando-o morto, pretendia ficar com a herança. Os fatos, porém, surpreenderam a todos. Esta leitura nos faz meditar e compreender mais as lutas da vida, encorajando-nos a manter a confiança na grande bondade e inteligência de Deus.

CATEGORIA: Teatro
PÁGINAS: 208
ACABAMENTO: Brochura
ISBN: 978-85-7722-147-9

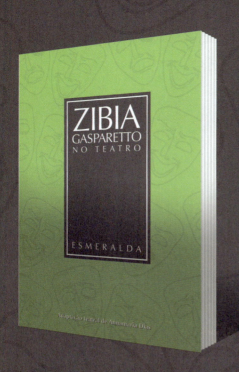

Esmeralda

Zibia Gasparetto — adaptação teatral de Annamaria Dias

Esmeralda era orgulhosa e absoluta. O mistério maravilhoso de sua dança arrancava olés e aplausos acalorados. Sempre desejada, despertava grandes paixões. Mas não amava ninguém, nem se importava com a dor dos que por ela eram apaixonados. Um dia, porém, Esmeralda encontrou um amor, que arrastou consigo o seu destino. A vaidade tem um preço que o orgulho cigano sempre paga. E todas nós, mulheres, temos um pouco de Esmeralda.

CATEGORIA: Teatro
PÁGINAS: 176
ACABAMENTO: Brochura
ISBN: 978-85-7722-149-3

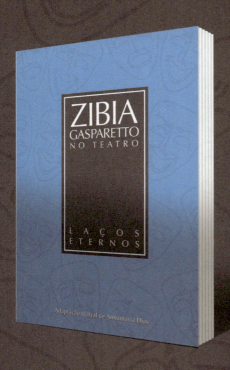

Laços eternos
Zibia Gasparetto — adaptação teatral de Annamaria Dias

Por que Nina, aos doze anos de idade, morre de tuberculose? Seu desencarne prematuro tem algo a ver com sua vida passada? Uma história de amor, ciúme e redenção, que narra a saga entre duas vidas, revelando-nos as belezas da reencarnação e mostrando que o amor é a força motriz que se funde no Todo, facilitando-nos a conquista da paz e criando laços indestrutíveis pela eternidade.

CATEGORIA: Teatro
PÁGINAS: 136
ACABAMENTO: Brochura
ISBN: 978-85-7722-145-5

Inspire-se com outras categorias em nosso site:
WWW.VIDAECONSCIENCIA.COM.BR

Este livro foi impresso em offset 75 g/m² pela gráfica Vida & Consciência.
São Paulo, Brasil, inverno de 2011.

Rua Agostinho Gomes, 2.312 – SP
55 11 3577-3200

grafica@vidaeconsciencia.com.br
www.vidaeconsciencia.com.br